Gloria Chisholm · Das Frauen-Mutmach-Buch

»Aus lauter Angst, dem anderen auf die Nerven zu gehen, folgen wir nur selten dem inneren Impuls, kurz jemanden anzurufen und ihn aufzubauen, indem wir sagen: ›Ich hab' dich gern.‹ Wie lange dauert es, diese paar Worte zu sagen? Eine, höchstens zwei Minuten.

Ich glaube, ich würde es schon schaffen, mich vom Staubsauger oder der Waschmaschine loszureißen, um mir ein paar aufmunternde Worte sagen zu lassen. Damit darf man mir jederzeit auf die Nerven gehen!«

Mit viel Humor, sehr anschaulich und praktisch lädt die Autorin dazu ein, anderen Mut zu machen – und sich selbst ermutigen zu lassen.

Gloria Chisholm ist Zeitschriften-Redakteurin, Buchautorin und alleinerziehende Mutter von fünf Kindern. Sie lebt in Kirkland/Washington. Außer diesem Buch ist von ihr als RBtaschenbuch erschienen: *Halbe Eltern – ganze Familie? Als Alleinerziehende zwischen Frust und Freude.*

Gloria Chisholm

Das Frauen-Mutmach-Buch

R. BROCKHAUS

Die amerikanische Originalausgabe erschien unter dem Titel:
THE GIFT OF ENCOURAGEMENT –
HOW TO BE A WARM SHOULDER IN A COLD WORLD
bei Aglow Publications, Lynnwood, Washington/USA

Deutsch von Antje Balters

RB*taschenbuch Bd.* 520

3. Auflage 1998

Umschlaggestaltung: Dietmar Reichert, Dormagen
Gesamtherstellung: Breklumer Druckerei Manfred Siegel KG
ISBN 3-417-20520-4
Bestell-Nr. 220 520

Dieses Buch ist gedruckt auf 100 % Recyclingpapier

INHALT

EINLEITUNG

Weshalb setze ich eigentlich einen Fuß vor den anderen? Was motiviert mich, was treibt mich an, auch angesichts scheinbar unüberwindlicher Probleme und Schwierigkeiten? Warum versuche ich etwas immer wieder, obwohl eine innere Stimme mich pausenlos einen »Versager« schimpft?

Warum »laufe ich mit aller Kraft auf das vor mir liegende Ziel zu, um den Siegespreis zu gewinnen, das Leben in Gottes Herrlichkeit« (nach Philipper 3,14; Übersetzung: Hoffnung für alle)?

Weil es Leute gibt, die an mich glauben und Zeit, Kraft und Gebet investieren, damit ich es schaffe.

Wenn ich schreie und um mich schlage und mich gegen alle Liebe wehre, die mir entgegengebracht wird, dann sind es diese Menschen, die mich festhalten. Wenn ich weglaufe, gehen sie mir nach. Wenn ich falle, helfen sie mir wieder auf, bürsten mir den Staub aus den Kleidern und geben mir einen sanften, aufmunternden Schubs.

Das sind »Mutmacher« und »Mutmacherinnen«, von Gott begabt, mit einem Auftrag versehen, in mein Leben gestellt, um mich aufzubauen, mich mit meinen Schwächen zu lieben und in meinen Stärken zu bestätigen.

Jeder Mensch kann Veränderung im Leben eines anderen bewirken. Wir bauen auf oder reißen ein, wir fördern das Leben, oder wir ersticken es. Ob bewußt oder unbewußt, wir haben entweder eine heilende Wirkung auf Menschen, oder wir verletzen sie noch mehr, als sie es schon sind.

Dieses Buch ist in einer meiner schmerzlichsten Lebensphasen entstanden. Ich weiß, was es bedeutet, am Boden zerstört zu sein, weil einem jemand »in Liebe die Wahrheit gesagt hat«. Ich bin von den Menschen mißverstanden worden, die sich selbst dazu ausersehen hatten, meine persönlichen Motive zu erforschen. Ich habe »ermutigende« Briefe erhalten von Menschen, die Nachkommen der Ratgeber und Tröster von Hiob sein müssen. Ich habe um die getrauert, die mich gerade da allein ließen, als ich sie am dringendsten gebraucht hätte.

Aber wichtiger als all diese Menschen sind diejenigen, die zu mir gehalten haben. Sie sind dageblieben trotz meines Zorns, meiner Gleichgültigkeit und meiner völligen Verzweiflung. Unter ihrem Einfluß habe ich gelernt, was Loyalität, Ausdauer und Beharrlichkeit ist, und ich habe begriffen, wie hartnäckig Gott uns liebt.

Sie alle haben mir so gut weitergeholfen, wie sie konnten. Sie waren wie ein Regenerations-Team, das Gott in Marsch gesetzt hat. Und ich kann all diesen Menschen gar nicht genug danken für die vielen Stunden, die sie mir geschenkt haben – am Telefon, im Auto, in Restaurants, bei sich zu Hause und im Gebet. Sie haben mich in die Gegenwart eines Gottes gebracht, dem ich schon jahrelang gedient hatte, ohne ihn allerdings zu kennen. Durch ihre Reaktion auf meine Not diene ich jetzt einem Gott, von dem ich weiß, daß er mich bedingungslos liebt und daß er mir vergibt, wenn ich wieder einmal etwas vermasselt habe. Jetzt habe ich das Bild eines Gottes mit ausgebreiteten Armen vor mir, der auf mich wartet, bei dem ich willkommen bin – statt des alten Bildes eines ewig grollenden und ständig unzufriedenen Gottes.

Diese »Mutmacher« haben mein Leben verändert – für immer.

Wir können andere nur dann ermutigen, wenn wir selbst ermutigt worden sind: »Umsonst habt ihr's empfangen, umsonst gebt es auch« (Matthäus 10,8).* Mit diesem Buch ergreife ich die Chance, das weiterzugeben, was ich so großzügig empfangen habe.

* Wenn nicht anders vermerkt, sind die Bibelzitate aus der Luther-Bibel 1984 wiedergegeben (d. Übers.).

Ich möchte darin die Hoffnung auf Gott vermitteln – auf Frieden und Gelassenheit in allen Lebensumständen. Außerdem will ich zeigen: Es ist notwendig, aneinander zu glauben. Schließlich wünsche ich mir, daß die Leser Heilung von Verletzungen aus der Vergangenheit erfahren, Ermutigung für die vor ihnen liegenden Aufgaben und Mut für morgen.

Mit Gottes Hilfe können auch Sie es schaffen. Gott bietet Ihnen seine Hilfe an – durch einen Menschen, der Sie in die Arme nimmt, durch jemanden, der mit Ihnen weint, durch einen anderen Menschen, der auch dann bei Ihnen bleibt, wenn Sie nicht mehr liebenswert sind.

Sind Sie schon einmal ermutigt worden? Und haben Sie die Ermutigung gern und bereitwillig angenommen? Auch wenn ich mir wünsche, daß Sie Gewinn aus diesem Buch haben, so ist mein Ziel erst dann erreicht, wenn Sie die Grundideen dieses Buches aufnehmen und an andere Menschen in Ihrem Umfeld weitergeben.

Andere Menschen blicken voller Hoffnung auf uns und warten auf eine Reaktion. Verzweifelt warten sie – sehnen sich nach einer positiven Antwort. Sie sehnen sich danach, angenommen zu sein und bedingungslose Liebe zu erfahren. Lassen Sie all diese Menschen nicht im Stich. Seien Sie der Mensch, der auch dann noch da ist, wenn alle anderen längst gegangen sind.

1. Ermutigung – was ist das eigentlich?

Meine Freundin Donna saß mir am Tisch gegenüber und zeichnete mit dem Zeigefinger das Muster auf ihrer halbleeren Kaffeetasse nach. Sie sah mich mit nüchternem Blick an und sagte: »Das Beste an der ganzen Rüstzeit war, als wir in Zweiergruppen eingeteilt wurden und uns gegenseitig ermutigen und aufbauen sollten.«

»Und was war daran für dich so gut?«

»Ich brauchte das so dringend. Ich mache jetzt schon seit zwei Jahren die Kinderarbeit in der Gemeinde, und die Eltern sind immer nur dann zur Stelle, wenn etwas schief geht oder wenn es Probleme gibt. Ich brauchte es einfach, daß mir mal jemand sagt, was ich richtig mache.« Sie lehnte sich auf dem Stuhl zurück, und Tränen schimmerten in ihren Augen. »Ich habe die Worte förmlich aufgesogen. Ich wußte nämlich genau, daß ich solche Ermutigung im nächsten halben Jahr nicht wieder bekomme und sie schlimmstenfalls erst wieder auf der nächsten Rüstzeit für Mitarbeiter erlebe.«

Als ich an diesem Tag von Donna wegging, war ich ziemlich traurig über das, was sie gesagt hatte, und es bedrückte mich sehr. Sechs Monate! Meinte sie das wirklich ernst? Donna und ihr Mann waren treue Mitarbeiter in der Gemeinde. Sie engagierten sich von ganzem Herzen in der Jugend- und Kinderarbeit. Sie verausgabten sich bis zum Umfallen, leiteten Jugendtreffen, Freizeiten, kümmerten sich um Jugendliche, die plötzlich nicht mehr in die Gemeinde kamen, und organisierten Aktionen und Programme für die Sommerferien. Und ich hatte nicht einmal Bitterkeit aus ihren Worten herausgehört, nur Dankbarkeit für die paar wenigen ermutigenden Worte, die sie auf der Rüstzeit gehört hatte.

Sechs Monate? Wirklich? Und das in der Gemeinde

Jesu, einem lebendigen Organismus, der das Herz Gottes, des Urhebers aller Ermutigung widerspiegelt?

Es fiel mir schwer, das zu akzeptieren, aber aufgrund meiner eigenen Erfahrungen in der Gemeinde wußte ich, daß Donna lediglich die traurige Wahrheit gesagt hatte.

Oft kämpfe ich nach Beendigung eines Projekts oder einer Aufgabe mit dem Gefühl, versagt zu haben, und leide unter Minderwertigkeitsgefühlen. Wenn mir dann keiner meiner Freunde und Bekannten das Gegenteil versichert, gehe ich davon aus, daß meine eigene Bewertung richtig ist und somit meine Empfindung: »Ich habe es wirklich vermasselt« auch zutrifft. Manchmal raffe ich all meinen Mut zusammen und frage jemanden, ob ich es wirklich so schlecht gemacht habe.

»Was? Toll war das! Alle, die ich bis jetzt gehört habe, sind begeistert.«

Aber warum sagt mir das dann keiner?

»Einer soll sich um den anderen kümmern und ihn zur Liebe und zu guten Taten anspornen. Einige haben sich angewöhnt, den Gemeindeversammlungen fernzubleiben. Das ist nicht gut; vielmehr müßt ihr einander Mut machen. Ihr seht doch, daß der Tag näherrückt, an dem der Herr kommt.« (Hebräer 10,24–25 nach: Gute Nachricht)

Wozu ermahnt uns der Verfasser des Hebräerbriefes hier? Was meint er mit »Mut machen«? In einem Wörterbuch wird das Wort »ermutigen« definiert als »jemanden inspirieren, mutig zu sein, zu hoffen oder Vertrauen zu haben«. Aus Vers 24 geht ja hervor, daß Ermutigen bedeutet, sich zu gegenseitiger Liebe zu ermutigen und einander anzuspornen, Gutes zu tun.

Ermutigung kann ganz unterschiedlich aussehen. Im folgenden einen etwas näheren Blick darauf, wie man in seinem Umfeld und im ganz normalen Alltag diesen Auftrag, andere zu ermutigen, konkret wahrnehmen kann.

Ermutigung ist ... ein starker Arm

Wir erleben alle hin und wieder Zeiten, in denen wir die Ermutigung von anderen brauchen. Ich habe mich schon manchmal so stark an meine Freunde angelehnt, daß ich sie dabei regelrecht plattgedrückt haben muß.

Wie können wir den starken Arm bieten, den andere in schweren Zeiten so dringend brauchen? Nur wenn wir selbst uns an Gott anlehnen, können wir wiederum anderen eine starke Stütze sein. Ich stelle fest, daß das Motto »Lehne dich an bei Gott« zum Klischee verkommen ist in einer Zeit, in der Selbsthilfebücher wie »Ich bin o.k. – Du bist o.k.« oder »Der Cinderella-Komplex« Bestseller sind. Warum sich an eine höhere Macht halten und sich gar an sie anlehnen, wenn wir doch alle ganz in Ordnung sind, so wie wir sind?

Die nüchterne Wahrheit ist aber, daß wir ohne Gott eben nicht in Ordnung sind. Menschliches Mitgefühl ist eine schnell verderbliche Ware, die nur zeitlich begrenzt Schmerzen lindern kann. Es ist nicht von Dauer, bietet keine Lösung, die zu einer dauerhaften Heilung führt. Ein Arm allein bringt keine Heilung. Aber wenn sich viele zusammentun – wenn sich alle bei Jesus einhaken –, wird aus der Hoffnung Realität und Heilung zur konkreten Chance.

In Galater 6,2 werden wir ermahnt, »einer des anderen Last« zu tragen. Das können wir aus eigener Kraft unmöglich schaffen, und wenn wir es trotzdem versuchen, kann unsere eigene Schwäche denen, die sich bei uns anlehnen, sogar hinderlich sein. Wenn wir uns nämlich gleichzeitig an sie klammern, überfordern wir sie.

Kurz: Ermutigung bedeutet zu sagen: »Ich bin da, wenn du mich brauchst und wann immer du mich brauchst.«

Ermutigung ist ... lautes Anfeuern

Als ich zur Geburt unseres vierten Kindes im Kreißsaal lag, hatte ein absolut verrücktes Team von Hebammen und Ärzten Dienst. Von den Geburten unserer fünf Kinder, alle in derselben Klinik, ist mir diese vierte am lebendigsten in Erinnerung geblieben, und zwar als eines der tollsten Ereignisse meines Lebens.

Die Hebammen und Schwestern feuerten mich lautstark an. Sie klatschten rhythmisch in die Hände und riefen immer wieder im Chor: »Sie schaffen es!« »Gut so!« »Super machen Sie das!«, daß es von den kahlen, hell erleuchteten Wänden des Kreißsaals widerhallte. Die Hände einer Schwester auf meinem Rücken fühlten sich warm und tröstend an. Eine andere hielt mich fest bei der Hand.

Ich habe keinen Kontakt mehr zu diesen Leuten, aber ich werde nie vergessen, wie sie mich ermutigt haben, indem sie meine Aufmerksamkeit von den starken Schmerzen ablenkten und mich dazu brachten, all meine Kraft auf die Geburt meines Babys zu konzentrieren. Ich erinnere mich noch genau, daß ich dachte: »Ja, ich schaffe es, denn sie glauben ja, daß ich es schaffe.«

Ermutigung bedeutet ja nicht, stoisch danebenzusitzen, während jemand über eine Gebetserhörung berichtet, über eine Gehaltserhöhung oder darüber, daß das Kind jetzt trocken ist und keine Windeln mehr braucht.

Ermutigung reagiert, ja Ermutigung feuert laut und ausdauernd an. Ich habe zwei Sorten von Freunden – diejenigen, die ich anrufe, wenn mir etwas Schönes passiert ist ... und solche, die ich dann nicht anrufe. Manche neuen Freunde fallen irgendwann von der ersten in die zweite Kategorie, wenn sie bei einem solchen Anruf mit den Worten reagieren: »Ach, wirklich?« oder »Das ist aber schön, und was gibt's sonst Neues?«

Bei den Freunden, die ich dann anrufe, reichen die Reaktionen von einem lauten Begeisterungsschrei bis zu Sätzen wie: »O Mann, bin ich stolz auf dich! Ich wußte, daß du es schaffst« Wenn es mir besonders dreckig geht, ist so ein lauter Anfeuerungsruf oft genau das, was ich brauche, um aus meiner Schlaffheit herauszukommen.

Im Wettrennen, an dem wir Christen teilnehmen, haben wir zwei Rollen:

1. Wir sind Läufer.
2. Wir sind »Cheerleader«. Wenn wir die Gelegenheit zum Anfeuern haben, sollten wir nicht tatenlos herumsitzen und nur vor uns hin murmeln: »Ach ja, wie schön.«

Ermutigung ist . . . eine warme freundliche Hand

Wenn wir vor Angst wie gelähmt sind, oder wenn es dunkel ist um uns her, haben wir nicht die Kraft, uns an jemanden zu wenden. Oft brauchen wir nichts als einen Menschen, der uns die Hand reicht und sagt: »Ich gehe mit dir. Faß mich an, und wir gehen diesen Weg zusammen.«

Wir brauchen einen Menschen, der uns nicht losläßt, egal, wie weit wir zurückliegen, wie sehr wir uns hinschleppen und wie heftig wir auch versuchen, die helfende Hand abzuschütteln.

In einer besonders verzweifelten Phase meines Lebens unternahm ich den halbherzigen Versuch, all meine engen Freunde aus meinem Leben zu vertreiben, indem ich sie bat, mich in Ruhe zu lassen. Aber meine Freundin Iris weigerte sich hartnäckig, zu gehen: »Du kannst mir sagen, daß ich gehen soll, daß ich verschwinden soll oder endlich abhauen, daß ich mich nie mehr blicken lassen soll . . . Das ist mir egal. Ich werde mich nicht vom Fleck rühren . . . weil ich dich viel zu gern habe, um dich loszulassen.«

Als sie das sagte, konnte ich nur noch schluchzen: »Versprochen?«

»Versprochen!«

Ich wollte, daß sie wegging, weil ich das Gefühl hatte, nur eine große Belastung für sie zu sein. Aber wenn sie wirklich getan hätte, was ich von ihr verlangte, wäre ich wütend geworden. Ich bin sicher, meine Reaktion wäre gewesen: »Ich sage ihr, sie soll verduften, und dann tut sie das auch noch! Was für eine Freundin ist sie eigentlich?«

Aber sie blieb. Wir hielten einander weiterhin bei der Hand ... und beim Herzen.

Jemandem seine Hand anzubieten, erfordert viel Zeit und verlangt Opfer in bezug auf persönliche Freiheiten. Wenn wir einander die Hand reichen, dann übernehmen wir damit die Verantwortung zu bleiben ... und zu bleiben ... und noch ein bißchen zu bleiben. Unsere Hände sind bildliche Darstellungen der Hände Jesu. Genauso wie Jesus sich nach den Menschen ausstreckte, sich ihnen zuwandte, so sollen wir das auch tun: »Jesus streckte ihm die Hand entgegen, ergriff ihn ...« (Matthäus 14,31; Hoffnung für alle). »Jesus hatte Mitleid mit dem Mann. Deshalb legte er segnend die Hand auf ihn« (Markus 1,41; Hoffnung für alle).

Irgendwo wartet irgend jemand darauf, daß Sie ihm oder ihr die Hand anbieten. Jemand, der/die die wärmende Hand der Ermutigung braucht, um sie zu packen und sich daran festzuhalten.

Ermutigung ist ... ein sanfter Schubs

Haben Sie schon mal einen leichten Rippenstoß gebraucht? Hatten Sie es schon einmal nötig, sich von jemandem sagen zu lassen: »Los, mach schon! Du schaffst das!«?

Ich habe das schon oft gebraucht, ja ehrlich gesagt brauche ich es eigentlich täglich. Ein leichter Schubs: »Los, du schaffst das schon!« motiviert und bewegt ganz sachte vorwärts.

»Ich kann diese Bibelarbeit nicht halten. Ich habe sowas noch nie gemacht. Unmöglich.«

»Ach, komm schon. Du kannst das bestimmt. Du hast doch in der Sonntagsschule schon Bibelarbeiten gehalten, und ein paarmal auch im Hauskreis. Du kannst ganz prima Sachverhalte vermitteln.«

»Ich? Meinst du wirklich? Na ja, vielleicht sollte ich es einfach mal versuchen . . .«

Mehrere Wochen lang versuchte ich, meine Freundin davon zu überzeugen, daß sie den Anbetungsteil eines Frauentreffens leiten sollte. Im Hausbibelkreis hatte sie schon die Anbetung geleitet, und es hatte ganz wunderbar geklappt. Alle Frauen aus der Gruppe bestätigten das.

Weil an diesem monatlichen Treffen viermal so viele Frauen teilnehmen würden wie im Hauskreis, und weil die Veranstaltung einen offizielleren und förmlicheren Charakter haben würde, war sie sicher, daß sie es nicht könnte. Sie hatte schreckliche Angst, aber ich hörte nicht auf, sie sanft, aber beharrlich anzuschubsen: »Kelly, ich weiß, daß du es kannst. Du bist sensibel für die Stimme des Heiligen Geistes, weil du ihm immer genug Raum gibst, zu fließen und zu wirken. Wenn du die Anbetungs- und Lobpreiszeit leitest, ist es immer besonders gut.« Jedesmal, wenn wir miteinander redeten oder uns trafen, erinnerte ich sie daran, daß der Herr sie auf machtvolle Weise einsetzen und gebrauchen wollte, daß sie dazu allerdings zunächst diesen einen ersten Schritt tun mußte. Und jedesmal erwiderte sie – nicht ganz so sanft –, daß sie unmöglich vor all den vielen Frauen stehen könnte.

Die ganze Situation gipfelte in einer Predigt, die unser Pastor eine Woche vor dem besagten Treffen hielt. »Angst und Furchtsamkeit sind nicht von Gott«, sagte er, »wer von euch Angst hat, vor vielen Leuten zu singen oder etwas zu sagen, muß diese Angst überwinden, und die einzige Möglichkeit dazu besteht darin, das zu tun, wovor man solche

Angst hat.« Er nannte Beispiele aus der Bibel, um das Gesagte zu unterstreichen.

Ich stellte die verschiedensten Verrenkungen an (nicht unbedingt ein geistlich angemessenes Verhalten im Gottesdienst), um mit Kelly Blickkontakt zu bekommen, aber sie war völlig konzentriert auf das, was der Pfarrer sagte.

Sofort nach dem Abschlußgebet brach ich mir fast den Hals bei dem Versuch, sie noch zu erreichen, bevor sie mir entwischen konnte. Sie sah mich kommen und sagte: »O nein. Ich hatte gehofft, rechtzeitig zu entkommen, bevor ich dir in die Hände falle. Okay, ich mache es, ich mach's ja.«

Sie hielt sich an die Zusage, und Gott belohnte ihren Gehorsam. Wir haben danach erfahren, was alles durch den Lobpreis passierte, den Kelly an jenem Morgen leitete.

Ein sanfter Schubs – das ist vielleicht nicht die einfachste Form der Ermutigung, aber manchmal die wirksamste.

Ermutigung ist ... ein verstehendes Lächeln

Der am meisten mißverstandene Mensch, der je gelebt hat, ist Jesus. Keiner, nicht einmal seine engsten Mitarbeiter und Vertrauten, verstanden den Plan des Vaters, der seinen Sohn auf die Erde gesandt hatte, um dort zu sterben. Sie erwarteten von Jesus, daß er auf der Erde ein Königreich errichtete (siehe Johannes 6,14–15). Dieses fehlende Verstehen hat ihn bestimmt verletzt!

Wie gut, wenn jemand dagewesen wäre, der ihn verstanden hätte. Ein Himmelreich für ein Lächeln in meine Richtung in einem besonders anstrengenden und schwierigen Augenblick.

Eines Sonntags vertraute mir eine Freundin vor dem Gottesdienst etwas an, das sie noch niemandem außer mir gesagt hatte, nicht einmal ihrem Mann. In einem Augenblick großer Frustration hatte sie etwas getan, was unabsehbare Folgen für sie haben würde. Ihre Zukunft würde völlig anders aussehen, und ihre Ehe hing ganz sicher an einem seidenen Faden.

Ich umarmte sie einfach und hatte bis zum Beginn des Gottesdienstes nur Zeit, ihr eine oder zwei kurze Fragen zu stellen. Ich entschuldigte mich also mit den Worten: »Ich glaube, ich gehe jetzt auch lieber an meinen Platz.«

Sie schnappte nach Luft. »Nach allem, was ich dir gerade erzählt habe, hast du nichts anderes zu sagen, als daß du dich jetzt besser auf deinen Platz begibst?«

Aber was hätte ich in dem Augenblick anderes sagen oder tun sollen? Während ich mich zu meinem Platz schlängelte, merkte ich, daß sie ihr spontanes Geständnis bereits bereute und jetzt von mir ein Zeichen brauchte, daß ich sie immer noch gern hatte. Weil ich sie von meinem Platz aus gut sehen konnte, lächelte ich ihr während des Gottesdienstes immer wieder verstehend zu, wenn ich Blickkontakt mit ihr bekam und signalisierte ihr auf diese Weise, daß ich mich nicht als Richter über sie erhob. Später hat sie mir einmal erzählt, wie wichtig mein Verhalten während des besagten Gottesdienstes für sie gewesen sei.

Ist es Ihnen auch schon passiert, daß Sie sehr persönliche Dinge vor einem ganzen Raum voller Leute preisgeben und plötzlich feststellen: Die Hälfte der Leute nickt und lächelt verständnisvoll? Die Zuhörer haben Ähnliches erlebt. Sie wissen, wovon Sie reden. Wenn Sie das noch nie getan haben, ich meine, sehr persönliche Dinge auszutauschen, dann lassen Sie mich auch warnend einschränken: Nicht immer gibt es die eben geschilderte Reaktion. Manchmal erntet man auch feindselige Blicke oder Zeichen von Verlegenheit und Peinlichkeit.

Ich habe so ziemlich alle denkbaren Reaktionen selbst erlebt, denn ich trage mein Herz auf der Zunge. Ich mache den Mund auf, und dann kommt einfach alles heraus – wirklich alles. Mir wird immer wieder vorgeworfen, daß ich laut sage, was alle denken, aber nicht zugeben wollen.

Aber das ist wohl das Kreuz, das ich zu tragen habe. Ich brauche also oft selbst ein verständnisvolles Lächeln; es wirkt Wunder zu wissen, daß ich nicht die einzige bin, die hin und wieder am liebsten ihre Familie verlassen und nach Saudi-Arabien abhauen würde – ohne auch nur vorher darüber zu beten.

Ermutigung . . . ist ein Tritt in den Hintern

Jeder braucht einen Menschen im Leben (ich persönlich habe ein paar davon), der ihm ab und zu einen Tritt gibt, wenn er ihn braucht. Das einzige Problem bei dieser Form der Ermutigung ist die Tatsache, daß sie weh tut, und es gibt nur sehr wenige Menschen, die bereit sind, Freunden weh zu tun. Wir geben vielleicht unseren Kindern einen Klaps zu ihrem eigenen Besten, weil wir sie lieben, aber um unsere Freunde schleichen wir bauchpinselnd herum, weil wir möchten, daß sie uns mögen. Wir haben Angst, sie könnten sagen: »Autsch! Ich glaube, ich brauche dich eigentlich doch nicht.«

Lohnt es das Risiko, zu versuchen, einen Menschen, den man liebt, von einer schlechten Entscheidung abzubringen oder ihm begreiflich zu machen, daß bestimmte Verhaltensweisen ihm nur selbst schaden? Vielleicht wird es einem irgendwann gedankt – vielleicht aber auch nicht, und das ist eines der Risiken, die man in Kauf nimmt.

Ein Tritt von einem Freund oder einer Freundin (und es muß schon ein(e) sehr liebe(r) Freund(in) sein, weil ich sonst den Tritt einfach an mir abperlen lasse) macht mich zunächst einmal wütend. Aber nach einer Weile kann ich in der Regel eingestehen, daß meine Freundin doch recht hatte, und ich muß diesen speziellen Bereich meines Lebens neu ordnen.

Natürlich können wir nicht herumstampfen und jeden mit unseren geistlichen Stiefelspitzen treten. Wir können nicht versuchen, sie alle irgendwie mit der Peitsche in Form zu bringen und fit zu machen. Es gibt jedoch auch Gelegenheiten, da sagt uns der Heilige Geist, daß die Zeit der netten Worte vorbei ist, daß eine bestimmte Person jetzt einen Tritt in den Hintern braucht, eine Ermahnung.

Vielleicht sagen Sie jetzt, daß man nicht von »Ermutigung« reden und gleichzeitig einen Tritt in den Hintern befürworten kann. Aber wie definieren wir Ermutigung denn eigentlich? Den anderen zur Liebe und zu guten Werken anzuspornen. Wenn ein Tritt in den Hintern durch den Heiligen Geist unterstützt wird, dann bringt er auch Frucht.

Ermutigung ist ... eine liebevolle Umarmung

»Liebevolle Umarmung« ist eine etwas elegantere Ausdrucksweise für das gute altmodische »Drücken«. Eine liebevolle Umarmung ist eine der besten Ermutigungsmethoden, weil sie sagt: »Ich habe dich gern – genau in diesem Augenblick.« Und wie viele von uns haben es nötig, genau in diesem Augenblick geliebt zu werden, gerade jetzt. Wenn Worte nicht mehr angebracht sind, dann sagt eine Umarmung: »Ich akzeptiere dich so, wie du bist, ich habe dich lieb, ich unterstütze dich, ich glaube an dich, und ich bleibe bei dir.«

Ich erinnere mich an eine besonders schwierige Zeit in meinem Leben, als ich einmal von einer Freundin umarmt wurde, die sonst selten jemanden berührt. Jedenfalls hatte ich persönlich noch nie erlebt, wie sie einen anderen Menschen umarmte. Und trotzdem umarmte sie mich eines Abends vor all den anderen Leuten, bevor sie nach einem Besuch nach Hause ging. Das berührte mich stärker als alles, was sie sonst hätte tun können, weil es spontan kam – wirklich von Herzen. Und damals brauchte ich dieses Zeichen ihrer Zuneigung. Sie spürte das und handelte spontan danach.

»Halt doch endlich den Mund und halt mich einfach fest!« möchte ich manchmal in der Gemeinde schreien. Aber sie reden und reden und reden und merken anscheinend gar nicht, daß es außer der Predigt noch andere Möglichkeiten gibt, verletzten und leidenden Brüdern und Schwestern zu dienen.

»Mach mir Mut. Bitte halt mich einfach fest.«

Ermutigung ist . . . Schweigen

An meiner Pinwand hängt ein Zettel mit dem Satz: »DIE TIEFSTEN EMPFINDUNGEN FINDEN IM SCHWEIGEN IHREN AUSDRUCK.«

Wie kommt es, daß Schweigen immer wieder eine so ermutigende Wirkung hat? Zunächst liegt das wohl daran, daß im Schweigen zugehört wird. Es ist unmöglich, gleichzeitig zuzuhören und zu reden. Manchmal muß geredet werden, aber um gute »Mutmacher« zu sein, müssen wir erst einmal zuhören. Darüber hinaus denkt das Schweigen: »Was kann ich jetzt tun oder sagen, um in diese Situation Hoffnung hineinzubringen?« In der Stille der Seele erschließt sich die Lösung. Und schließlich fühlt das Schweigen. In der Stille, im Schweigen können wir unsere Gefühle herausfinden, bevor wir sie zum Ausdruck bringen. Indem wir still werden, bekommen wir das Selbstvertrauen, nur das zu sagen, was wir im Auftrag Gottes sagen sollen, um einen bestimmten Menschen zu ermutigen. Jemand, der seine innersten Gedanken und Empfindungen mitteilt, kann an einen Punkt gelangen, an dem er um die richtigen Worte ringt. Wenn wir dann wortreich loslegen, um das auszufüllen, was wir als eine peinliche Stille empfinden, dann würgen wir das Gespräch ab. Schweigen muß nicht unbehaglich oder peinlich sein. Es ist nur peinlich oder unbehaglich, wenn wir es dazu machen.

Wenn wir nicht wissen, was wir sagen sollen, dann ist es besser zu schweigen, als etwas Falsches zu sagen, denn Worte zum falschen Zeitpunkt entmutigen. Wenn wir wirklich Menschen sein wollen, die anderen Mut machen, dann sollten wir uns immer daran erinnern: Zum Wesen der Ermutigung gehört auch, daß man weiß, wann man den Mund halten muß.

Ermutigung ist . . . eine sanfte Stimme

Viele Methoden der Ermutigung funktionieren ohne Worte, aber im großen und ganzen sind ermutigende Worte wohl die geläufigste Methode. Unsere Worte stellen unsere Gefühle und Gedanken anderen dar. Man formuliert Dinge nicht immer perfekt, und was man eigentlich sagen will, kommt vielleicht unklar und mit allen möglichen unbeabsichtigten Untertönen heraus, aber der Geist hinter den Worten ist es, der sie für den Zuhörer kostbar macht. Damit will ich gar nicht den Inhalt von Aussagen herunterspielen; man muß seine Worte sorgsam wählen, besonders, wenn man es mit einem sehr mutlosen Menschen zu tun hat. Aber wenn man etwas Falsches sagt, dann schenkt Gott denen Gnade, die man zu ermutigen versucht. »Judas und Silas . . . stärkten und ermutigten die Brüder« (Apostelgeschichte 15,32; Hoffnung für alle).

Das Schreckliche ist, daß Menschen, zumindest die uns kennen und achten, uns in der Regel glauben, wenn wir etwas sagen. Ja, sie leiten sogar ihr Selbstbild von unseren Aussagen ab. Mit einem solchen Einfluß können wir die Menschen, die wir lieben, entweder aufrichten oder zerbrechen. Wenn wir Mutmacher sein wollen, dann muß uns völlig klar sein, welch eine Macht unsere Worte haben, und wir müssen daran denken, mit sanfter Stimme zu sprechen, wenn wir ermutigen.

Ich möchte eine »Mutmacherin« sein. Vielleicht gibt es nichts, was ich mir so sehr wünsche wie dies. Ich möchte das Gute im anderen erkennen, indem ich mich für ihn öffne und ihn dazu motiviere, all das zu sein, wozu Gott ihn geschaffen hat. Ich möchte dabeisein und daran teilhaben, wenn Gottes Plan sich an denen erfüllt, die ich liebe, indem ich an sie glaube, das Beste von ihnen erwarte und sie unterstütze.

Auf dem Fundament der Ermutigung ruht der Eckstein seelischer und geistlicher Gesundheit des Leibes Christi. Möchten Sie Anteil haben und beteiligt sein an dem, was Gott mit seiner Gemeinde tut?

2. Wen kümmert es überhaupt?

Ich ermutige andere gern, weil dadurch bei ihnen so vieles in Gang kommt. Ich beobachte einfach gern, wie sie langsam anfangen, an sich zu glauben und Vertrauen in ihre eigene Bedeutung für das Reich Gottes entwickeln. Es macht mir Spaß, ihnen durch Worte Mut zu machen, Gutes zu tun.

Aber ich habe auch gelernt, daß Ermutigung um der Ermutigung willen eine ziemlich nutzlose Angelegenheit ist. So blumig und schön sie auch hervorkommen mag – wenn es der Ermutigung an Ernsthaftigkeit und Wahrhaftigkeit fehlt, dann ist möglicherweise das, was ich für Ermutigung halte, nichts anderes als Manipulation. Wenn sie nicht dem Kern und der Wurzel meines Lebens entspringt – wenn sie nicht wirklich mein innerstes Anliegen ist –, dann kann Ermutigung schnell zur Ausbeutung werden. Wir müssen ständig unsere Motive überprüfen, um ganz sicher zu gehen, daß wir andere aus den richtigen Gründen ermutigen.

Was heißt es, »echt« zu sein, und wie können wir feststellen, ob wir echt sind oder unecht? Es ist nicht immer leicht, den Unterschied zu erkennen.

Die Bibel ermahnt uns, uns selbst zu prüfen (1. Korinther 11,28; 2. Korinther 13,5). Dadurch entdecken wir die Person, die sich hinter dem Menschen verbirgt, den wir nach außen zeigen. Was empfinde ich ganz persönlich? Was denke ich wirklich? Was weiß ich? Oder bin ich vielleicht nur Trittbrettfahrer bei meinem Ehepartner, meinen Freunden oder in der Gemeinde? Habe ich einfach deren Gedanken und Meinungen übernommen?

Wenn wir andere wirklich ermutigen wollen, müssen unsere Sinne lebendig sein, unser Denken wach und unser Herz offen, während wir die Menschen um uns her beobachten.

Wir können nicht in einem Vakuum leben und gleichzeitig »Mutmacher« sein wollen. Wir müssen denken, fühlen, sehen und hören.

Denken

Viele Menschen treiben in einer Art Leere herum und sind völlig mit sich selbst, mit ihrer eigenen Vergangenheit und Zukunft beschäftigt. Es gibt verschiedene Stadien dieser Leere, aber es gibt mehr Menschen, als wir denken, die ihr Leben in diesem leeren, egoistischen und gedankenlosen Zustand fristen.

Den innerlich leeren Menschen charakterisieren sinnlose Phrasen wie: »Was hast du denn am Wochenende so gemacht?« und bevor man antworten kann, geht es weiter: »Ich war auf der Kirmes (am Strand, in den Bergen, im Fußballstadion usw.).« Solche Menschen treiben von Konversation zu Konversation, sei es am Telefon oder im persönlichen Gespräch, und durchdringen nie die Oberfläche im Leben ihres Gegenübers, weil ihr Denken völlig besetzt ist mit »ich, ich, ich«. Solange sie in diesem Zustand bleiben, können sie niemals Mutmacher werden – denn das Denken von Mutmachern muß sich mit den anderen und ihren Bedürfnissen befassen. Paulus ermahnt uns: »Denkt nicht immer zuerst an euch, sondern kümmert und sorgt euch auch um die anderen« (Philipper 2,4; Hoffnung für alle).

Was hat das nun alles mit »Echtheit« zu tun? Das Schlüsselwort ist »kümmern«. Wir können uns nicht wirklich und echt um andere kümmern und sie ermutigen, wenn wir nicht an sie denken.

Wie kommt man aber von einem egoistischen zu einem uneigennützigen Denken? Wie können wir durch unsere Denkweise »Mutmacher« werden?

Erkennen, daß andere genauso wichtig sind wie ich selbst

Sind Sie der Mittelpunkt des Universums? Sind Sie der Meinung, daß alle untätig herumsitzen und nur auf den Tag warten, an dem Sie aus dem Urlaub zurückkommen, damit das Leben weitergehen kann? Ist Ihre Sicht der Dinge die einzig richtige? Glauben Sie wirklich, daß die Party erst richtig losgeht, wenn Sie den Raum betreten?

Ich wage zu behaupten, daß die Welt sich auch dann noch drehen würde, wenn Sie sterben würden. Vielleicht haben Ihre Kollegen, Freunde und Verwandten die Dreistigkeit, auch dann noch weiter zu »funktionieren«, wenn Sie im Urlaub sind. Vielleicht bringt jemand eine andere Meinung zu einer bestimmten Sache zum Ausdruck. Und vielleicht geht sogar die Party ohne Sie los.

Vor Gott sind wir alle gleich.

Erkennen, daß andere Ihren Beitrag brauchen

Auch wenn Sie nicht unverzichtbar sind, so können Sie doch vieles in Ihrer unmittelbaren Umgebung verändern. Sie können Ihr Denkraster verändern, wenn Sie begreifen, daß Ihre täglichen Kontakte mit Menschen Chancen Gottes sind, Sie zu gebrauchen.

Glauben Sie, daß Sie auf den Tagesablauf eines bestimmten Menschen positiv oder negativ Einfluß nehmen können? Und das nicht nur für einen Tag, sondern Ihr ganzes Leben lang? Glauben Sie mir, Sie können das Leben eines anderen Menschen auf Dauer und für immer verändern. Ich habe das schon mehrmals erlebt. Eine Freundin sagte mir einmal auf den Kopf zu, ich würde in einem Zustand leben, in dem ich mich weigerte zu vergeben (sie ist eine der ermutigenden, aber Tritt-in-den-Hintern-Freundinnen, von denen im ersten Kapitel die Rede war). Sie hatte völlig recht, und weil ihre Worte den Filter des Heiligen Geistes durchlaufen hatten, veränderten sie mein Leben völlig. Wir können uns entscheiden, ob wir eine Mauer errichten oder Brücken bauen zu den Menschen, denen wir begegnen. Bei jedem Stein, den wir in die Hand nehmen, müssen wir sichergehen, daß wir nicht Mauern bauen statt Brücken.

Die Gedanken konkret werden lassen

Wenn diese kostbaren Menschen, die Gott Ihnen über den Weg schickt, wirklich Ihre Ermutigung brauchen, dann möchten Sie natürlich auch etwas Sinnvolles und Nützliches sagen. Zuerst müssen Sie sich darüber klar werden, was Sie an diesem speziellen Menschen besonders schätzen. Haben Sie einmal erlebt, daß er etwas Selbstloses getan hat? Welche seiner Persönlichkeitsmerkmale mögen Sie besonders? Haben Sie beobachtet, daß die betreffende Person sich in bestimmten Lebensbereichen besonders weiterentwickelt hat?

Zu mir hat einmal jemand gesagt: »Gloria, wir brauchen dich.«

Mich, deren zweiter Wohnsitz der Fettnapf ist, mich, die unberechenbare, direkte und manchmal verrückte Gloria? Jemand braucht mich?!

Mit »wir« meinte die spezielle Freundin einen Bibelkreis, an dem ich regelmäßig teilgenommen hatte, den ich nun aber nicht mehr besuchte. Beim Nachdenken darüber war sie anscheinend in Gedanken die Gruppe durchgegangen und zu der Schlußfolgerung gelangt, daß sie mich aus irgendeinem unerklärlichen Grunde brauchten. Ob das wirklich der Fall war oder nicht, war im Grunde unerheblich. Wichtig war, daß sie glaubte, mich zu brauchen, weil ich etwas hatte, das in der Gruppe fehlte. Ich frage mich, welche wunderbare Eigenschaft das wohl gewesen sein mag. Ich hätte sie fragen sollen!

Jedenfalls hielt sie diesen Gedanken für richtig, als er ihr in den Sinn kam, und deshalb konnte sie ihn dann auch laut aussprechen und dabei ganz ernsthaft und echt sein. Unser Denken bestimmt unsere Empfindungen.

Fühlen

Oft hören wir Aussagen wie »aus Glauben und nicht aus Gefühlen leben«; wir hören das so oft als Phrase, daß wir Angst haben, unseren eigenen Gefühlen auf den Grund zu gehen und sie zu identifizieren. Wir fürchten, sie überzubewerten. Aber auch Jesus war traurig (Matthäus 26,37), es jammerte ihn (Markus 1,41), er war zornig (Markus 3,5), liebevoll (Johannes 13,34), und er freute sich (Johannes 17,13), um nur einige wenige seiner Empfindungen zu nennen.

Gefühle an sich sind nichts Schädliches; entscheidend ist, wie wir mit ihnen umgehen. Wenn wir mit jemandem Mitleid haben, dann ist es für die betreffende Person kaum eine Hilfe, wenn wir nur einfach dasitzen und traurig gukken. Mitleid rührt uns oft zu Tränen, die dann wirklich zeigen, wie sehr wir innerlich beteiligt sind. Aber von Gott bewirktes und gewolltes Mitleid führt immer auch zum Handeln, vorausgesetzt es gibt überhaupt etwas, das wir tun können, um den Schmerz zu lindern. Empfindungen sind ein ganz wesentliches Element beim Ermutigen. Sie sind der Impuls, durch den wir fähig werden, etwas laut auszusprechen, das ansonsten vielleicht über das Stadium des Gedachten nicht hinausgekommen wäre.

Um besseren Zugang zu Ihren Gefühlen zu bekommen, halten Sie einmal irgendwann im Laufe des Tages inne, um sie zu prüfen, und zwar am besten, wenn Sie mit anderen Menschen zusammen sind. Was empfinden Sie bei Carolyns neuem lindgrünen Kleid? Wenn Ihnen davon übel wird, ist das wahrscheinlich nicht das Gebiet, auf dem der

Herr Sie benutzen will, um Carolyn zu ermutigen, denn die wesentlichen Faktoren dabei sind Ehrlichkeit und eine positive Einstellung.

Was empfinden Sie bei den Predigten Ihres Pastors? Er braucht Ihre Ermutigung. Aus einer halbstündigen Predigt können Sie bestimmt einen Punkt nennen, der Ihnen in einem bestimmten Lebenbereich eine Hilfe wurde. Selbst wenn seine Predigten ermüdend sind, so bleiben Sie doch normalerweise lange genug wach, um zumindest einen Teil der Aussagen mitzubekommen.

Einmal ein wenig Abstand zu nehmen und Ihre Gefühle ein bißchen genauer zu betrachten, wird Sie davon abhalten, unaufrichtiges Lob zu verteilen. Denken Sie daran: ». . . glatte Lippen richten Verderben an« (Sprüche 26,28).

Können wir denn unseren eigenen Gefühlen immer trauen? Natürlich nicht, aber glauben Sie wirklich, daß es dem Satan in den Sinn käme, in uns positive Empfindungen für unsere Mitmenschen zu wecken und zu stärken? Wir brauchen dann nur nach unseren Motiven zu fragen. Warum drängen uns unsere Gefühle, auf andere zuzugehen und ihnen etwas Ermutigendes zu sagen? Wenn unsere Motive dabei in Ordnung sind, können wir uns ganz auf Gott verlassen.

Sehen

Um überhaupt gute Gedanken und positive Empfindungen für andere zu haben, müssen wir sie erst einmal wahrnehmen – sie wirklich sehen –, mit all ihren Nöten und Bedürfnissen.

Bei meinen Kindern mache ich das so: Zuerst frage ich: »Herr, an welcher Stelle braucht Grant heute Ermutigung? Was kann ich dazu beitragen, daß dieser Tag für ihn heute gut wird?« Dann beobachte ich meinen Sohn genau und versuche, sensibel für seine Bedürfnisse zu sein. Wenn er wütend ist, können wir uns beispielsweise zusammensetzen und darüber reden und gemeinsam nach einer Lösung suchen. Wenn er einsam wirkt, dann machen wir etwas zusammen, spielen ein Spiel oder lesen. Wenn er traurig ist, kann ich versuchen, ihn zum Lachen zu bringen oder mit ihm zusammen weinen, wenn ich ebenfalls traurig bin.

Das ist vor einiger Zeit einmal passiert. Er kam schluchzend in mein Arbeitszimmer. »Mama, keiner will mit mir spielen«, weinte er. »Ich habe keine Freunde, keiner mag mich.«

»O Grant, ich weiß genau, wie du dich jetzt fühlst.« Ich nahm ihn auf den Schoß und wiegte ihn hin und her. »Mir geht es im Moment auch so.« Dann weinten wir zusammen. Bei anderer Gelegenheit hätte ich ihn vielleicht so getröstet: »Es kommt bestimmt wieder in Ordnung. Alles wird gut. Morgen mögen sie dich vielleicht schon wieder. Und solche Freunde brauchst du sowieso gar nicht.« Aber in dem Augenblick wäre das einfach nicht ehrlich gewesen. Nachdem wir zusammen geweint hatten, fühlten wir uns beide schon besser und spielten zusammen ein Spiel.

Natürlich kam alles wieder in Ordnung, und am nächsten Tag war alles wieder gut – die anderen mochten uns wieder.

Wie können wir einen Blick hinter die unterschiedlichen Fassaden werfen, hinter denen Menschen ihre wahren Gefühle verbergen? Am leichtesten ist es, wenn man Menschen wirklich gut kennt. Meine engsten Freunde können durch meine unterschiedlichen Masken und Fassaden geradewegs hindurchsehen. Ja, ich mache mir nicht einmal mehr die Mühe, sie aufzusetzen, wenn ich mit jemandem zusammen bin, der mich gut kennt. Bei Menschen, die wir nicht so gut kennen, ist es schon schwieriger, den wirklichen Menschen hinter seinen Masken zu erkennen. Es dauert länger, aber wenn uns wirklich etwas daran liegt, werden wir irgendwann durch einen Riß in der Fassade die Not bzw. das Bedürfnis dahinter sehen, und dann können wir den Menschen so aufbauen, wie er es braucht und wie Gott es will.

Andere wirklich zu sehen, ist eine grundlegende Voraussetzung für Echtheit. Ohne dieses Sehen ist Ermutigung hohl und auch ungenau.

Ich erinnere mich an eine Freundin, die einmal für mich betete. Im Verlauf ihres Gebets dankte sie Gott für meine Demut. Ich war dankbar für ihr Gebet, aber ich wußte sofort, daß sie mich nicht richtig sah. Wenn sie mich gesehen hätte, und zwar gar nicht einmal kritisch, sondern nur aufmerksam, dann hätte sie gemerkt, daß ich gerade auf einem bestimmten Gebiet meines Lebens weiterkommen mußte: Ich mußte meinen Stolz loswerden. Man brauchte gar keinen Röntgenblick, um das zu bemerken, sondern nur etwas aufmerksame Beobachtung.

Wenn man sonntags in die Gemeinde kommt oder am Montag ins Büro, in den Supermarkt am Mittwoch oder an alle möglichen anderen Orte, an denen man sich im Laufe einer ganz normalen Woche aufhält, dann blickt man automatisch über den eigenen Tellerrand hinaus und kann die Leute in der unmittelbaren Umgebung genauer betrachten. Spüren Sie, was diese Menschen heute von Ihnen brauchen? Wenn Sie an Susannes Schreibtisch vorbeigehen und mit Ihren Gedanken ganz bei der eigenen Arbeit sind, statt kurz anzuhalten und sich mit der Frage: »Na, wie geht es dir denn heute?« nach ihrem Befinden zu erkundigen, dann verpassen Sie möglicherweise eine Chance, jemanden zu ermutigen, dessen Leben im Augenblick vielleicht alles andere als in Ordnung ist.

Zu viele Menschen *sehen* die Mitmenschen gar nicht richtig, sondern blicken gewohnheitsmäßig durch den anderen hindurch auf den nächsten Tagesordnungspunkt. Unsere Kinder schreien förmlich danach, von uns gesehen zu werden mitsamt ihren Bedürfnissen. Unsere Kollegen, von denen sich jeder immer mehr nur als Zahnrad in einem riesigen Getriebe empfindet, schreien lautlos: »Sieh mich doch an! Ich bin ein Mensch!«

Unsere Nachbarin fleht uns wortlos an: »Sieh mir doch in die Augen. Ich brauche heute mehr von dir als eine Tasse Kaffee. Ich brauche deine Schulter zum Anlehnen. Mach mir Mut.«

Wir müssen aufhören, uns gegenseitig zu schmeicheln mit leeren, seichten Worten, an denen nichts echt ist, nur weil wir zu faul, zu ängstlich oder einfach zu beschäftigt sind, um die Bedürfnisse der Menschen um uns zu erkennen. Statt dessen sollten wir uns einmal für eine Minute von unseren vollen Terminkalendern trennen und einen langen, intensiven Blick auf den Menschen werfen, den wir gerade vor uns haben, und – wenn nötig – wissen, daß Gott uns genau an diesem Punkt benutzen kann, um Hoffnung in ein trauriges, müdes, mutloses Leben zu bringen.

Hören

»Würdest du mir bitte mal zuhören?« bittet eine Frau ihren Mann, der sich hinter der Zeitung verschanzt hat.

»Ich habe jedes Wort gehört, das du gesagt hast«, erwidert der Mann unwirsch, ohne die Zeitung wegzulegen, »ich kann alles wortwörtlich wiederholen.« Er wiederholt wörtlich, was die Frau gesagt hat, aber sie ist nicht zufrieden. Er hat zwar ihre Stimme, aber nicht ihr Herz gehört.

In der Bibel werden wir immer wieder ermahnt: »Wer Ohren hat zu hören, der höre.« Warum müssen wir daran erinnert werden, wie wichtig richtiges Zuhören ist? Wenn doch die meisten Menschen Ohren haben, warum können dann so viele nicht hören?

Stellen Sie sich vor, jemand sagt zu Ihnen: »Ich liebe dich!« Das müssen wir nicht nur hören, sondern auch verstehen. Es könnte heißen: »Ich akzeptiere dich.« Oder: »Ich will mit dir alt werden.« »Ich brauche dich.« Oder: »Laß uns zusammen ins Bett gehen.« »Es ist schön mit dir.« »Ich bekomme eine Gänsehaut« – oder noch etwas anderes. Es liegt ganz beim Empfänger dieser Aussage, wie er entschlüsselt, was mit »ich liebe dich« gemeint ist.

Ähnlich ist es, wenn ein Mensch zu Ihnen sagt: »Mir geht es schlecht.« Das kann alles bedeuten von: »Ich habe mir den Zeh gestoßen« bis: »Ich möchte mich am liebsten umbringen.« Auch hier liegt es wieder an Ihnen zu erkennen, was hinter den Worten steckt.

Schauen Sie sich beispielsweise einmal folgenden Dialog an:

»Mir geht es schlecht.«

»Ach, wein doch nicht. Es geht dir sicher bald wieder besser.«

»Aber es geht mir schlecht.«

»Okay, also hier hast du ein Pflaster.«

»Bitte, es tut so weh – mir geht es wirklich schlecht.«

»Also wirklich – ich habe meine eigenen Probleme, weißt du?«

»Ich kann es nicht mehr aushalten. Es tut so weh!«

»Natürlich kannst du es aushalten. Gottes Gnade ist immer groß genug. Vertraue nur auf den Herrn.«

»Würde mir bitte mal jemand zuhören?«

Wir flüchten uns viel zu oft in Patentrezepte und Formeln. Wir entscheiden uns für den einfachen Weg und schieben die Probleme des andern auf Gott, damit wir nicht mit in die Sache hineingezogen werden. Das machen wir mit Sprüchen wie:

»Ich werde dich gleich ganz oben auf meine Gebetsliste setzen.«

»Lies mal Philipper 4.«

»Der Herr allein kennt alle unsere Bedürfnisse. Ist das nicht wunderbar?«

Es kann eine ziemlich riskante Angelegenheit sein, heutzutage in der Gemeinde Schmerz einzugestehen. Es sind so viele Ohren da, aber nur wenige von ihnen hören auch.

Unter Nichtchristen gibt es gegenseitiges Verstehen.

Jemand sagt: »Es geht mir schlecht.«

Der andere antwortet: »Wirklich? Dann haben wir ja was gemeinsam. Komm, laß uns in die Kneipe gehen« (wo Joe, der Barkeeper, zuhört und zuhört und zuhört).

Wie können wir unsere Hörfähigkeit verbessern?

a) Auf den Tonfall achten. Bricht die Stimme, ist sie zittrig oder fest?
b) Auf den Gesichtsausdruck achten. Können Sie Wut, Bitterkeit, Kummer oder Selbstmitleid darin erkennen?
c) Provozierende Fragen stellen. Was genau ist nicht in Ordnung?
d) Wiederholen Sie laut, was Sie glauben gehört zu haben. Haben Sie wirklich verstanden?
e) Das Wichtigste: Sich kümmern und beteiligt sein.

•

Wenn wir uns wirklich um andere Menschen kümmern, wenn uns etwas an anderen liegt, dann sind Echtheit und Ernsthaftigkeit kein Thema. Kümmert es mich wirklich, ob dein Sohn drogenabhängig ist? Interessiert es mich eigentlich, daß du nichts mehr zu essen im Kühlschrank hast? Macht es mir etwas, daß deine Ehe in die Brüche geht?

Inwieweit kümmere ich mich? Inwieweit kümmern Sie sich? Was können wir tun, um uns gegenseitig unsere Lasten zu erleichtern? Denn das ist sowohl unsere Verantwortung als auch unser Vorrecht als Glieder des Leibes Christi.

3. Über den eigenen Tellerrand blicken

Wir neigen alle dazu, uns so gut und fröhlich wie möglich durchs Leben zu wursteln, immer in erster Linie mit uns und unseren Problemen beschäftigt. Es ist mit Sicherheit eine Anstrengung und dazu noch eine ziemlich belastende, an andere zu denken, wo wir doch selbst genug Probleme haben. Warum sich also damit belasten? (Ich frage mich, ob Gott sich diese Frage auch gestellt hat, bevor er den Menschen schuf? Ich frage mich, ob Jesus sich vor seiner Kreuzigung im Garten Gethsemane diese Frage gestellt hat und ob der Heilige Geist sie am Tag vor Pfingsten stellte.)

Die Gründe, weshalb man ein Mutmacher wird, sind vielfältig. Ein keineswegs unerheblicher ist, daß Gott uns befohlen hat, »einander zu ermutigen«. In diesem Kapitel wollen wir untersuchen, was passiert, wenn wir es wagen, aus unserer eigenen kleinen begrenzten Welt herauszutreten, um andere zu ermutigen. Als erstes wollen wir uns anschauen, was mit einem müden, teilnahmslosen Geist passieren kann, wenn jemand es wagt, Mutmacher zu sein.

Ermutigung ... gibt dem Geist neuen Schwung

Wird Ihr Kopf manchmal müde? Vielleicht gibt es auch bei Ihnen Tage, an denen Sie denken: »Ich kann für diese Sache einfach nicht mehr beten.« Oder: »Ich bekomme in letzter Zeit kaum noch etwas für mich.« »Gott, wo bist du?« »Bin ich eigentlich wirklich Christ? Ich fühle mich ganz und gar nicht so.«

In solchen Phasen meines Lebens bleiben meine Gebete scheinbar an der Zimmerdecke hängen. Ich kann Gott nicht hören, und deshalb bin ich dankbar für Freunde, die mich ermutigen und mich im Gebet immer wieder vor

Gott bringen, bis ich selbst wieder stärker bin und neues Vertrauen gewonnen habe.

Während einer solchen Phase erzählte mir eine Freundin einmal: Immer, wenn sie um eine besondere Führung oder Hinweise für meine Zukunft betete, gab ihr Gott keine konkrete Antwort. Und sie hörte immer wieder, daß ich Gott heute vertrauen solle, daß der morgige Tag für sich selber sorgen werde. Sie sah mich erwartungsvoll an, als sie mir diese Nachricht überbrachte, und wartete auf eine Reaktion.

Vertrauen sollte ich haben? Ich, die ich immer alles Wochen oder besser noch Monate im voraus planen und wissen mußte? Dieser Rat war für mich schwer zu schlucken, und meine Freundin wußte das; denn sie kannte meinen straff organisierten Lebensstil nur zu gut.

Aber meine zwiespältige Haltung in bezug auf die Zukunft überraschte selbst mich. Es war eine gewaltige Herausforderung für meinen Glauben, den Plan für morgen nicht zu kennen, aber gleichzeitig stieß ich einen enormen Seufzer der Erleichterung aus. So lange war das Morgen für mich wie ein riesiger, scheinbar unüberwindlicher Berg gewesen, und jetzt brauchte ich mir darüber keine Sorgen mehr zu machen. Gott wollte, daß ich ihm vertraute – heute. Und daß ich mit dem Heute fertigwerden konnte, dessen war ich mir ziemlich sicher.

Die Worte meiner Freundin hatten mir Mut gemacht und meinem Geist neuen Schwung gegeben.

Ermutigung ... stärkt das Selbstwertgefühl

In Augenblicken der Mutlosigkeit ist unser Selbstwertgefühl völlig im Keller, und wir müssen daran erinnert werden, wer wir sind – kostbare, wunderbar gemachte Königskinder. In Zeiten des Scheiterns oder der Verzagtheit haben wir vielleicht das *Gefühl,* nutzlos zu sein, keinen

Zweck zu erfüllen, aber in Gottes Augen ist unser Wert immer gleich und keinerlei Schwankungen unterworfen.

Aber Gefühle, auch Minderwertigkeitsgefühle, sind etwas sehr Reales. Deshalb müssen wir sensibel dafür sein, andere in ihrem Wert zu bestätigen – darin, daß wir vor Gott und für Gott alle gleich wichtig sind.

Sehr oft beschäftigt uns jedoch nicht die Frage, wie Gott uns sieht, sondern wie andere Menschen unseren Wert einschätzen, und deshalb lindert heutzutage das Bibellesen die Situation nicht gerade. Ich weiß, daß Gott mich toll findet, aber wie du mich findest, das ist für mich noch die Frage. Wenn ich zermürbt bin, dann brauche ich die Bestätigung, daß ich geliebt bin, und zwar sofort.

Natürlich ist es einfach, den Rat zu geben: »Na, na, aber es ist doch gar nicht so wichtig, was ich denke. Wichtig ist doch allein, was Gott denkt.«

Ja natürlich, das klingt gut und edel, aber du, der andere, du bist es doch, mit dem ich leben muß. Dir muß ich in die Augen sehen. Natürlich kannst du mir auch weiterhin erzählen, daß es darauf doch gar nicht ankommt, aber ich habe das Gefühl, daß ich dich enttäuscht habe. Ich komme mit mir selbst nicht klar.

Einmal hatte ich die Freundschaft mit zwei wirklich guten Freundinnen verdorben. Als die beiden ans Meer fahren wollten, schrieb ich ihnen einen Zettel: »Ich wünschte, ich könnte mit euch ans Meer fahren und mich selbst zu Hause lassen.« Ich hatte mich selbst so satt.

Bitte sag mir, daß du mich immer noch brauchst – jetzt sofort. Ich bin wichtig und du auch, nicht wegen der Dinge, die wir füreinander tun oder nicht tun, sondern einfach *weil wir einander etwas bedeuten, weil uns etwas aneinander liegt.* Vielleicht habe ich hohe Erwartungen an dich in Bereichen, in denen du mich im Stich läßt. Aber das ändert nichts an meinen Gefühlen für dich; du bist immer noch derselbe Mensch, der du warst, bevor du diese Probleme bekamst. Um das Selbstwertgefühl zu stärken, ist es für mich wichtig, mir noch einmal die kostbaren Eigenschaften des anderen zu vergegenwärtigen, die überhaupt erst dazu geführt haben, daß ich mich zum anderen hingezogen fühlte.

Ich mag dich, weil du ... bist.

Ermutigung ... bringt die Freude zurück

Oft will man uns weismachen, daß die Freude uns einfach so in den Schoß fällt, wenn wir Christen werden, und daß sie uns dann nie wieder verläßt. Es stimmt zwar, daß niemand uns unsere Freude nehmen kann, aber es kann durchaus sein, daß wir uns von unseren Lebensumständen überwältigen lassen. Wir können uns auch dafür entscheiden, unsere Freude fahren zu lassen. Warum hätte sonst David beten sollen »Erfreue mich wieder mit deiner Hilfe« (Psalm 51,14), wenn es sich dabei nicht um etwas handelte, das er verloren hatte.

Der Heilige Geist legt Freude in uns hinein, aber er kann uns auch als Instrument dazu benutzen, bei anderen Freude zu bewirken, indem wir sie ermutigen. Wenn wir Menschen mit Worten aufbauen, dann ermuntern wir sie dadurch. Das muß nicht einmal bewußt geschehen; es passiert ganz einfach.

Vielleicht fühle ich mich lausig, wenn ich am Sonntagmorgen aufwache, aber ich zwinge mich, in den Gottesdienst zu gehen. Ich fühle mich immer noch mies, wenn ich die Kirche betrete. Wäre ich doch zu Hause geblieben! Bevor ich Platz genommen habe, höre ich schon hier ein »Hallo« und da ein »Schön, daß du da bist«, jemand umarmt mich – und noch bevor ich sitze, geht es mir wieder viel besser. Nach dem Gottesdienst geht es so weiter. Während ich mich von Menschen anrühren lasse, füllt ihre spontane Liebe mein Herz mit der Freude darüber, ein Teil des Leibes Christi zu sein. Wir brauchen die gegenseitige

Ermutigung, um die Freude an unserem Heil, an unserer Erlösung zurückzuholen.

Ermutigung ... belebt die Seele

Haben Sie schon mal daran gedacht, einfach aufzugeben? Sind Sie schon mal mit dem Ich-habe-die-Nase-voll-Bazillus infiziert gewesen, haben Ihre Füße in eine Wanne voll Beton gesteckt und geschworen, nie wieder einen einzigen Schritt zu tun? Und dann, einen Augenblick, bevor der Zement ganz hart ist, kommt jemand vorbei und sagt: »Ich bin so froh, dich zu kennen. Ich danke Gott, daß es dich gibt. Und ich sage dir auch warum ...«

In so einem Augenblick steht die Zeit still. Der Beton zerbröselt. Sie sind frei und schleppen sich weiter.

Wenn nicht dieser bestimmte Mensch Ihr Leben berührt hätte, dann wäre es vielleicht jemand anderes gewesen. Vielleicht auch nicht. Sie hätten sich in den Beton der Niederlage, des Versagens und der Bitterkeit hineingelegt. Und wenn sich eine solche Einstellung erst einmal eingenistet und breit gemacht hat, dann ist es so gut wie unmöglich, wieder aus ihr herauszukommen.

Ermutigung bekommt eine ganz neue Dringlichkeit, wenn wir an die Menschen denken, die tagtäglich die Familie Gottes verlassen, weil ihnen nicht genügend Mut gemacht worden ist. Die ehemals produktiven und aktive Bereiche im Leben dieser Christen vertrocknen und sterben ab, weil wir es versäumen, sie aufzubauen. Wir verhindern, daß sie ein reiches Leben bekommen, weil wir, bildlich gesprochen, mit den Füßen auf ihren Sauerstoffleitungen stehen. Wenn wir uns aber mit Erfolg bemühen, die Seele eines mutlosen Bruders oder einer entmutigten Schwester wieder aufzubauen, werden in der betreffenden Person ganz neue Fähigkeiten sichtbar und dazu die Zuversicht, das zu tun und zu sein, was Gott beabsichtigt hat.

Ermutigung ... setzt Zuversicht frei

Es ist nur ein Mensch nötig, der glaubt, daß ich ein Ziel erreichen kann – dann wage ich den Versuch. Ich habe eine Freundin, die mir, seit wir uns kennen, immer wieder versichert, daß sie an mich glaubt. Vielleicht haben auch noch andere dieses Maß an Vertrauen in mich, aber Sharon spricht das auch in regelmäßigen Abständen aus. Und für mich ist es wichtig, es zu hören, weil ich nicht immer an mich glauben kann. Um ehrlich zu sein, ich glaube eher selten an mich. Aber ich ruhe sicher in Sharons Glauben an mich, weil dieser Glaube nie schwankt. Er ist der Funke, den ich brauche: »Wenn Sharon glaubt, daß ich es kann – vielleicht kann ich es dann wirklich. Wenn Sharon glaubt, daß ich fähig bin – vielleicht bin ich es dann wirklich.«

So probiere ich meine Flügel aus, und manchmal kann ich wirklich fliegen. Natürlich stürze ich auch hin und wieder ab, aber nicht, weil Sharon nicht an mich geglaubt hat, sondern weil ich nach unten geschaut und Angst bekommen habe.

Und dann liege ich da, ein kleines verletztes Häuflein Mensch, und Sharon flickt mich wieder zusammen, indem sie mich erinnert: »Ich weiß, daß du es kannst. Ich glaube an dich.« »Du kannst ...« »Du bist ...« Wir setzen Vertrauen und Zuversicht im anderen frei,

- indem wir daran denken, was die Bibel über uns und unsere Möglichkeiten sagt und indem wir andere mit Worten aus der Bibel ermutigen;
- Eigenschaften Gottes beim anderen wahrnehmen und sie laut aussprechen und anerkennen;
- Selbstzweiflern zur Seite stehen und nicht eher gehen, bis sie versucht haben, eine Sache zu tun;
- an ihrer Stelle an sie glauben, an das, was sie nicht sehen;
- eine Haltung fördern, die sagt: »Versuch's, versuch's doch noch mal«, wenn etwas nicht so gut läuft.

Vielleicht sind wir für irgend jemanden die letzte Hoffnung. Wenn nicht wir an diesen Menschen glauben, wer dann?

Ermutigung ... baut Druck ab

Der Druck, etwas zu leisten, Erfolg zu haben, perfekt zu sein, zehrt an uns allen. Ständige Versuche, die Erwartungen anderer zu erfüllen, verursachen extremen Streß und hinterlassen bei uns das stets gegenwärtige Gefühl, an einem Abgrund zu sitzen, bereit, uns bei ersten Anzeichen von Versagen hinabzustürzen.

Ob Sie es glauben oder nicht, wir können diesen Druck verringern, indem wir uns gegenseitig ermutigen. Zu einer Zeit, in der ich mich als eine Verliererin, Versagerin, als völligen Flop betrachtete, machte meine Freundin Iris genau das mit mir.

»Du bist eine fromme Frau«, fing sie an, »du hast es im Augenblick ziemlich schwer, und du spuckst das eben nicht sofort bei jedem aus. Du bist der Inbegriff einer frommen Frau ...« Während sie weiterredete, fing ich plötzlich an zu weinen, was sie völlig umhaute. Iris dachte, sie hätte mich irgendwie verletzt, und konnte nicht verstehen, was diese Tränen ausgelöst haben mochte.

Ich hatte mich vorher wie ein Nichts gefühlt, aber ein Mensch, den ich sehr schätzte, hielt mich für eine fromme Frau. Das momentane Gefühl dieser Erfahrung war mehr, als ich verkraften konnte, aber was für eine Befreiung!

Hier ein paar Beispiele, wie Sie andere ermutigen können, indem Sie Druck von ihnen nehmen:

»Keiner mag mich«, sagt ein Teenager bekümmert.

»Ich mag dich«, antworten Sie. Der Druck ist verringert.

»Nichts kann ich richtig machen«, sagt ein Kollege.

»Ich habe beobachtet, wie du mit deiner Frau umgehst.

Du bist ein guter Ehemann«, sagen Sie. Der Druck ist verringert.

»Warum ist die ganze Familie aus der Kirche ausgetreten?« fragt der Pastor. »Ich bin ein lausiger Hirte.«

»Sehen Sie auf die zweihundert Familien, die noch da sind. Sie sind ein toller Pastor«, erinnern Sie ihn. Der Druck ist abgebaut.

Natürlich ist es nicht immer ganz so einfach. Vielleicht ist auch ein längeres Gespräch nötig, wenn jemand sich selbst so übel findet, aber Sie verstehen wahrscheinlich, worum es geht.

Wenn Sie ermutigen, um Druck von einem Menschen zu nehmen, dann sollten Sie sicherstellen, daß Sie stark genug sind, um den entweichenden Druck auch auffangen zu können. Möglicherweise gibt es eine gewaltige Explosion. Nehmen Sie das nicht persönlich, denn schließlich haben Sie das ja gewollt, als Sie beschlossen haben, ein Mutmacher zu werden.

Ermutigung ... wehrt negatives Denken ab

Wenn ich anfange, negativ zu denken, dann bleibe ich in der Regel so lange dabei, daß ich auch so handele, wie ich denke. Irgendwo auf dem Weg hilft mir dann ein Freund oder eine Freundin, die Scherben aufzusammeln, die durch mein Handeln in dieser Phase entstanden sind. Manchmal kann ich mich dann selbst überhaupt nicht leiden, aber ich bin dankbar, daß die Ermutigung durch einen anderen Menschen den zerstörerischen Prozeß des negativen Denkens durchbrochen und mich wieder auf den Weg der Besserung gebracht hat.

Ich will damit nicht sagen, daß wir auf jede negative Aussage eine positive Erwiderung parat haben müssen. Die superpositive Masche kann einem den letzten Nerv töten, wenn Sie wissen, was ich meine. Besonders dann, wenn man sehr niedergeschlagen ist. »Wer einem mißmutigen Herzen Lieder singt, das ist, wie wenn einer das Kleid ablegt an einem kalten Tag und wie Essig auf Lauge« (Sprüche 25,20). Sparen Sie sich Ihre Lieder – bitte, bitte, bitte!!!

Einem Menschen mit schwerem Herzen Lieder zu singen oder jemanden zu ermutigen, der in seinem negativen Denken gefangen ist, zwischen diesen beiden Dingen liegt nur ein schmaler Grat. Folgende Antworten sollte man unbedingt vermeiden:

»Heute fühle ich mich absolut schrecklich. Was für ein übler Tag.«

»Aber dies ist der Tag, den der Herr gemacht, drum laßt uns freun und fröhlich sein.«

»Wie soll ich mich denn freuen, wenn mein Mann mich gestern verlassen hat, mein Sohn mir eröffnet hat, daß er eine Bauchtänzerin heiraten will, und mein Arzt mir mitteilt, daß ich an einem offenen Magengeschwür leide? Außerdem ist jetzt auch noch der Küchenausguß verstopft.«

»Blicke auf das, was du hast. Du hast doch wenigstens ein Dach über dem Kopf.«

»Ja, das stimmt, aber es ist undicht.«

»Du hast gesunde Kinder, und Bauchtanzen ist doch etwas sehr Gesundes. Vielleicht könnte sie es dir zeigen . . .«

»O bitte, halt den Mund.«

Aber ebensowenig wollen wir ja einem solchen Menschen nach dem Mund reden und aus lauter Mitleid sagen: »Du Arme. Ja, das Leben ist wirklich schrecklich. Komm, wir lassen es sausen.« Besser wäre es, etwa wie folgt zu antworten:

»Es tut mir leid, daß du heute einen so üblen Tag hast. Kann ich dir irgendwie helfen?«

Achselzucken.

»Komm, wir sehen uns mal an, welche Möglichkeiten es gibt.«

»Möglichkeiten? Wovon sprichst du überhaupt?«

»Du bist doch stark. Das hier wird dich nicht umbringen. Es liegt ganz bei dir, wie du auf diesen üblen Tag reagierst.«

»Wieso denn das? Ich muß mich also nicht umbringen?«

»Das würde ich gar nicht zulassen. Du bist mir ziemlich wichtig. Ich mag dich!«

»Echt? Ist ja klasse!«

Ermutigung lacht niemals angesichts von Hoffnungslosigkeit. Und sie übertüncht oder verniedlicht Kummer auch nicht mit einem strahlenden Lächeln und dem Spruch: »Denk doch einfach positiv. Schließlich ist der Geist stärker als die Materie.«

Ermutigung unterstützt, bestätigt und hilft auf mit Aussagen wie: »Komm, du schaffst das!«

Ermutigung richtet und verurteilt nicht, und sie macht niemals lächerlich. Genauso wie die Dunkelheit sich vor der strahlenden Gegenwart des Lichtes verzieht, so verschwindet negatives Denken, wenn jemand durch kühne Bestätigung ermutigt wird.

Ermutigung ... heilt emotionale Verletzungen

In den Nachwehen eines emotionalen Wirbels hilft Ermutigung dabei, die Scherben aufzusammeln und wieder zusammenzusetzen. Ermutigung heilt, befreit, erlöst und hebt den schwankenden menschlichen Geist. Jede Prüfung und jede Herausforderung entzieht einem Menschen Lebenskraft. Meine Gefühle können bereits durch die einfache Aufgabe lädiert werden, abends meine fünf Kinder ins Bett zu bringen. Was ein liebevolles und auch eigentlich ziemlich einfaches Unterfangen sein sollte, kann sich innerhalb weniger Minuten in ein schweres Trauma verwandeln.

Manchmal habe ich den Eindruck, daß das Telefon am Ende eines langen Tages meinem letzten bißchen Seelenfrieden den Garaus machen will. Es klingelt unweigerlich dann, wenn ich gerade in meinen Ohrensessel sinke, nachdem ich dem letzten Gebet von Kind Nummer fünf zugehört habe. Zugegeben, wenn ich bestimmte Stimmen am anderen Ende der Leitung vernehme, möchte ich manchmal am liebsten sagen, daß Gloria bedauerlicherweise völlig unerwartet verstorben ist und der Anrufer sich bitte an die nächsten Angehörigen wenden möchte, falls er nähere Einzelheiten zu erfahren wünscht.

Wenn ich dagegen bestimmte andere Stimmen am anderen Ende der Leitung höre, dann schlägt mein Herz vor Freude schneller, und ich lasse mich gemütlich nieder, um ein gutes Gespräch mit einer guten Freundin oder einem guten Freund zu führen. Und ich wundere mich immer wieder darüber, daß mein Herz einen Satz machen kann, obwohl ich so schrecklich müde bin. Ich kann das nur an der Tatsache festmachen, daß ich weiß, ich bekomme jetzt gleich eine Portion positiver Verstärkung und Ermutigung und bin nach dem Gespräch erfrischt und gestärkt.

Ermutigung flickt sehr sorgfältig die ausgefransten und zerschlissenen Ecken und Säume unserer Gefühle wieder zusammen, die durch Nervosität, Erschöpfung und Kummer entstanden sind.

Vielleicht fällt Ihnen gerade ein bestimmter Mensch ein, der seelischen Schaden erlitten hat und unter den Folgen leidet, und Sie fragen sich, ob der Erfolg Ihrer Bemühungen um ihn wirklich all die Zeit und Kraft wert war. Mutmachen ist zweifellos mit Arbeit verbunden, wahrscheinlich mit überdurchschnittlich harter und schwerer Arbeit. Und Sie werden auch nicht immer sofort den Lohn Ihrer Arbeit sehen, wenn Sie überhaupt jemals etwas erkennen werden.

Aber wenn Sie Menschen zu ermutigen versuchen, sehen Sie wahrscheinlich häufig Anzeichen dafür, daß Sie sich nicht umsonst mühen:

- Trübe Augen fangen an zu glänzen,
- hängende Schultern straffen sich,

- Menschen haben plötzlich wieder den Wunsch, Gott zu dienen, statt unterzugehen,
- sie erfüllt neue Hoffnung, wo früher Ziele fehlten.

Ermutigung ... bringt neue Hoffnung

Hoffnung ist ein sehr zwiespältiger, nur schwer definierbarer Begriff. Es ist das Gefühl, daß das, wonach wir uns sehnen, wofür wir beten, eines Tages Wirklichkeit werden wird.

Wie kann Ermutigung neue Hoffnung bringen? Sie erinnert einen an die guten Dinge, die vor einem liegen, wenn alles, was man mit bloßem Auge sehen kann, nach noch mehr Kummer und Problemen aussieht. Hoffnungslose Menschen erkennt man an Aussagen wie:

»Das passiert mir *immer.*«

»Mein Leben wird *niemals* besser werden.«

»Mir passiert *nie* etwas Gutes.«

»Das ist die absolut *schlimmste* Phase meines Lebens.«

Ermutigung stürzt sich nun nicht sofort auf die betreffende Person und sagt: »Es könnte doch alles noch viel schlimmer sein. Du könntest in Kalkutta auf der Straße leben (oder mit einer Frau verheiratet sein, die an den Rollstuhl gefesselt ist, oder ...)«. Es ist schlicht unmöglich, den Schmerz eines anderen Menschen ganz und gar zu erfassen und nachzuvollziehen. Wie können wir da sagen, was »schlimmer« ist als das Bestehende?

Im Gegensatz dazu erinnert Ermutigung die Betroffenen an

- ihre Stellung vor Jesus Christus,
- daran, daß man auch schon über das Versagen gesiegt hat,
- das, wofür wir in diesem Augenblick dankbar sein können,
- die Dinge, auf die wir in der Zukunft blicken können.

»... Christus in euch, die Hoffnung auf die Herrlichkeit« (Kolosser 1,27; Hoffnung für alle): Welch schrecklichen, tragischen Verlust ein hoffnungsloser Mensch auch erlitten haben mag, seine Beziehung zu Jesus bleibt immer intakt. Als Menschen, die zu Jesus gehören, haben wir immer Grund zur Hoffnung und können uns dadurch gegenseitig ermutigen.

Warum sich überhaupt die Mühe machen, andere aufzubauen? Das ist die Frage, die wir uns am Anfang dieses Kapitels gestellt haben. Hat Ermutigung überhaupt einen Zweck? Ist sie all die Mühe wert? Wie denken Sie darüber?

4. Ermutigen – wie macht man das?

Ich finde es bemerkenswert, daß das Ermutigen einem Christen nicht angeboren ist. Wäre es nicht eigentlich vernünftig, daß wir vom Augenblick unserer geistlichen Wiedergeburt an automatisch nur noch für andere leben statt für uns selbst, und daß wir ständig nach Wegen und Mitteln suchen, andere aufzubauen?

Leider ist das nicht so einfach. Es stimmt, daß manche von Natur aus uneigennützigen Menschen vor ernstgemeintem Lob und Ermutigung anderer nur so sprühen. Sie sagen nie ein negatives Wort über andere, sie tratschen nie und sind anscheinend einfach immer nett.

Auf der anderen Seite gibt es Menschen wie mich, die wirklich schwer daran zu arbeiten haben, immer nett zu sein. Ich glaube nicht, daß ich auch nur eine einzige nette Faser in mir habe. Die wunderbaren Früchte des Heiligen Geistes, von denen in Galater 5,22–23 die Rede ist, fliegen mir nicht so einfach zu. Ich schnaufe und stöhne und bete sehr viel. Paulus wies die Christen von Kolossä an: »So zieht nun an . . . herzliches Erbarmen, Freundlichkeit, Demut, Sanftmut, Geduld« (Kolosser 3,12). Manche Leute können anscheinend mühelos in diese Kleider hineinschlüpfen, als wären sie maßgeschneidert. Ich dagegen muß mich hineinzwängen und ziehen und zerren, um auch nur einen Arm oder ein Bein hineinzuquetschen. Wenn ich es dann wirklich schaffe, das ganze Kleidungsstück anzuziehen, reißt es normalerweise an den Nähten oder hat sich bis zum Ende des Tages vollständig aufgelöst.

Um jedoch auch einen Blick auf die positive Seite zu werfen: Weil ich eher dazu neige zu kritisieren, kommt Lob oder Ermutigung bei mir wirklich von Herzen und ist völlig echt.

Ich lehne es ab, Ermutigung auf ein bestimmtes Stichwort zu reduzieren. Wenn es so ein Stichwort überhaupt gibt, dann ist es in dem Wort *sich kümmern* enthalten, das wir ja bereits im vorigen Kapitel erläutert haben. Man könnte sagen: Ermutigung geschieht durch ein Wirken des Heiligen Geistes an unserem Herzen; er veranlaßt uns, uns wirklich um einen Menschen zu kümmern und das Beste für ihn zu wollen. Die folgenden Hinweise allein machen daher noch keine Mutmacher aus uns. Aber vielleicht können sie unsere Gedanken in die richtige Richtung lenken.

Konkret sein

Paulus ist das herausragende Beispiel eines Mutmachers. Welchen Brief man auch liest, in jedem gibt es ganz spezielle Worte der Ermutigung.

Im Brief an die Christen von Philippi schreibt Paulus, wie gut es ist, daß sie an seinen Problemen teilhaben (Philipper 4,14–15). An die Christen von Kolossä, daß er von ihrem Glauben an Jesus Christus gehört hat und von ihrer Liebe zu allen Heiligen (Kolosser 1,3–4). In seinem Brief an die Gemeinde von Rom dankt er Gott für diese Christen, weil auf der ganzen Welt von ihrem Glauben berichtet wird (Römer 1,8).

Wir mißbrauchen hin und wieder das Wort »Segen«: »Du warst bei unserem Treffen letzte Woche wirklich ein Segen für mich.«

»Wirklich? Wieso denn?«

»Nun ja, alles, was du gesagt hast, war so gut.«

Damit kann ich nicht gerade viel anfangen. An manchen Tagen weiß ich kaum, wie ich heiße, geschweige denn, was ich vergangene Woche von mir gegeben habe.

Verstehen Sie mich nicht falsch. Ich nehme jedes Kompliment gern entgegen und heimse es für mich ein. Die Tatsache, daß ich für jemanden ein Segen war und die betreffende Person mir das auch noch mitteilt – nun, das ist wirklich lobenswert von diesem Menschen. Aber wenn es bei dem oben zitierten Gespräch um mich gegangen wäre, dann hätte ich der betreffenden Person nicht so einfach durchgehen lassen, daß ich für sie ein Segen gewesen sein sollte. Das Gespräch wäre wahrscheinlich folgendermaßen weitergegangen:

»Was habe ich denn gesagt, das für dich ein Segen war?«

»Etwas darüber, daß ich eine gute Mutter bin.«

»Könntest du meiner Erinnerung ein bißchen auf die Sprünge helfen? Ich weiß, daß du eine gute Mutter bist, aber was habe ich gesagt, das für dich ein Segen war?«

»Du hast gesagt, daß ich sensibel wäre oder so.«

Ehem, naja, Erröten. »Ach so, du meinst die Situation, als Johnny hereingepoltert kam und du ganz sanft aus ihm herausgebracht hast, was für ein Problem er hatte? Ja, das stimmt. Du bist wirklich sensibel.«

»Mein Mann meint, daß ich zu streng mit den Kindern bin, und ich bete und arbeite ständig daran, daß ich sanfter und gelassener werde.«

Ach so – endlich weiß ich, wieso ich für sie ein Segen war. Sie hatte diese konkrete Aussage einfach nötig gebraucht, weil sie gerade auf diesem Gebiet so zu kämpfen hat.

Jetzt, wo ich das weiß, werde ich noch genauer darauf achten, sie auch weiterhin zu ermutigen, wenn ich sehe oder bemerke, daß sie sensibler wird.

»Ich bin so gesegnet.« Was in aller Welt soll das bedeuten? Es kann alles mögliche meinen: eine große Gelassenheit und Freude im Glauben haben, gesunde Kinder oder eine glückliche Ehe, eine interessante Arbeit, mutmachende Freunde . . .

Für den Anfänger im Ermutigen hier ein paar Satzanfänge, die einem dabei helfen können, konkreter zu werden. Der erfahrene Mutmacher setzt sie ein, ohne überhaupt darüber nachzudenken.

»Ich mag dich, weil . . .« – »Du kannst so gut . . .«

»Ich mag es, wie du . . .« – »Du gibst mir das Gefühl . . .«

Ehrlich, aber freundlich sein

Oft trennt nur ein schmaler Grat Ermutigung von Schmeichelei oder Manipulation. Damit werden wir uns noch in einem gesonderten Kapitel befassen. Aber ehrlich zu sein bedeutet, daß wir andere nur dann ermutigen, wenn wir dabei wahrhaftig bleiben. Wir wollen keine Schmeichler sein oder werden.

Vielleicht denken Sie: »Ist es nicht besser, unehrlich zu sein, als jemanden mit Ehrlichkeit zu verletzen?« Die Antwort lautet: Nein! Es gibt zwei Möglichkeiten, dieses Dilemma zu vermeiden.

Nehmen Sie beispielsweise die stolze Mutter, die Ihnen ihr Neugeborenes unter die Nase hält und jetzt auf Ihre begeisterte Reaktion wartet.

Weil es sich um das unansehnlichste Baby handelt, das Sie je gesehen haben, sind Sie wie erstarrt, während Sie verzweifelt nach den richtigen Worten suchen. Hier ein paar Möglichkeiten:

»Was es schon für schönes Haar hat«, oder wenn es nicht nur häßlich, sondern auch noch kahlköpfig ist: »Was für winzige Fingerchen. Kleine Babys sind doch wirklich ein Wunder.« Oder einfach: »Was für ein süßes Baby!«

Sie verletzen auf diese Weise die Gefühle der Mutter nicht, und Sie haben Ihre Grundhaltung des Ermutigens beibehalten.

Paradoxerweise ist es oft keineswegs ermutigend, wenn man ehrlich ist. Deshalb möchten Sie manchmal am liebsten nichts sagen.

Wenn Sie allerdings als Mutmacher bekannt sind, dann erwarten die Leute in Ihrer Umgebung etwas in dieser Richtung von Ihnen.

Die anderen wissen, daß Sie etwas denken. Wenn Sie also gar nichts sagen, wird angenommen, daß Sie etwas Negatives denken, weil Sie Ihre Gedanken ja sonst aussprechen würden. Um solche unangenehmen Situationen zu vermeiden, habe ich gelernt, in jeder Situation und an jedem Menschen auch etwas Positives zu sehen. Wenn ich es gefunden oder entdeckt habe, spreche ich es aus.

Positiv sein

Positiv zu sein, hat mit Beständigkeit in einer positiven, bejahenden Haltung zu tun.

Wenn wir nicht positiv bestätigend sind, dann nehmen uns die Menschen, die wir ermutigen wollen, nicht ernst.

Ich habe eine Freundin, die mich von Zeit zu Zeit zu sich zitiert, mir direkt in die Augen sieht und dann kühn feststellt: »In diesem oder jenem Bereich erkenne ich bei dir, daß du dich weiterentwickelst und wächst . . .« oder »Du bedeutest mir so viel, weil . . .« Ich will Sie nicht mit Einzelheiten langweilen, aber Sie verstehen sicher auch so, was ich meine. Manchmal schickt sie mir auch eine kurze Mitteilung, in der steht, wie toll ich bin und warum.

Wie sollte ich ihr nicht glauben? Sie ist so sicher, daß sie weiß, was sie sagt. Ich fühle mich vielleicht absolut nicht toll, aber ich beschließe, mich nicht mit einem Menschen zu streiten, dessen Vertrauen in mich so unerschütterlich ist.

Signale wie Wegblicken oder Füßescharren können unsere Ermutigung zunichte machen. Aber wenn ich jemandem in die Augen blicke, drücke ich damit aus: »Hallo, hör mir zu. Weil du mir so viel bedeutest, ist das, was ich dir jetzt sage, sehr wichtig!« Wenn ich jemanden bei der Hand nehme, dann sage ich damit: ». . . und der Grund, weshalb ich dir das alles sage, ist der, daß du mir so viel bedeutest.« Meine feste Stimme besagt: »Ich habe mir genau überlegt, was ich sage, und ich weiß, daß es stimmt. Deshalb kannst du mir glauben.«

Seien Sie bestätigend, aber nicht bedrängend.

Spontan sein

Es gibt sicherlich Gelegenheiten und Momente, da ist es sehr wichtig, sich genau zu überlegen, was man sagt. Aber Ermutigung kann auch ihre Spontaneität, ihre Frische und Ernsthaftigkeit verlieren, wenn man sich vorher zu lange den Kopf über Einzelheiten zerbrochen hat. Wenn ich auf mein Herz hören würde statt auf meinen Kopf, dann ginge es mir gut. Aber mein Kopf redet so viel lauter als mein Herz, daß er leicht meine Gefühle erstickt.

Ich erinnere mich noch gut daran, wie ich Debbie ermutigen wollte. Sie ist eine Freundin, die unseren monatlichen Frauentreff zum ersten Mal geleitet und ihre Sache sehr gut gemacht hatte. Alles war glatt gegangen, und sie verdiente es, das auch zu hören. Direkt nach dem Treffen war Debbie von einer ganzen Reihe Frauen umringt, und ich nahm an, daß sie von allen für ihre gute Leitung gelobt wurde. Ich mischte mich unter die anderen Frauen, während mein Kopf und mein Herz miteinander stritten.

»Ich muß ihr nicht auch noch sagen, daß sie ihre Sache gut gemacht hat, wenn es all die anderen Frauen schon gesagt haben.« – »Aber du bist nicht all die anderen Frauen. Es ist wichtig für sie, daß sie es von dir hört.« – »Ach was. Wer bin ich denn? Nur eine von vielen, ein Sandkorn am Strand, ein Baum im Wald . . .« – »Es ist ihr wichtig, was du denkst.« – »Das wage ich zu bezweifeln.«

In diesem Augenblick bekam ich Blickkontakt mit Debbie. Alle anderen hatten sich zerstreut. »Das hast du großartig gemacht, Debbie«, legte ich los, »es lief alles so ruhig und gut. Du wirktest ganz entspannt, und du hast wirklich die Gabe, eine gute Atmosphäre herzustellen, so daß Menschen sich in deiner Gegenwart wohlfühlen.«

Sie faßte nach meiner Hand und fragte: »Wirklich? War es in Ordnung? Du kannst dir gar nicht vorstellen, wie wichtig das jetzt für mich ist. Keiner hat etwas darüber gesagt, wie es war, und ich dachte schon, daß ich vielleicht alles vermasselt habe.«

Damit ist wohl genug gesagt über das Hören auf den Kopf oder das Herz.

Wenn ich Bibelstunden halte, dann nenne ich manchmal Frauen aus der Gruppe als positive Beispiele für etwas, das ich hervorheben will. Spontan lobe ich sie vor all den anderen Frauen, und ihr Selbstwertgefühl beginnt zu wachsen. Ermutigende Worte, vor anderen ausgesprochen, bekommen noch einmal ein ganz besonderes Gewicht.

Sich keine Sorgen machen, wie die Ermutigung ankommt

Wie Ihre Ermutigung ankommt, sollte Ihre geringste Sorge sein. Mag nicht jeder gern gelobt werden? Man sollte es doch eigentlich meinen. Manche Menschen sind jedoch so unsicher, daß sie einen Schock bekommen, wenn sie etwas Positives über sich selbst hören. Sie fangen sogar an, sich mit einem darüber zu streiten.

»Meinst du etwa mich?« fragen sie mit weit aufgerissenen Augen und offenem Mund. »Du meinst doch bestimmt jemand anders.«

»Nein, ich meine genau dich.«

Ein entschiedenes Kopfschütteln. »Unmöglich. Wirklich? Ich? Nein . . .!!!!«

Irgendwann fangen Sie vielleicht an, sich zu fragen, ob es die Mühe überhaupt wert ist. Aber es lohnt sich immer! Unsichere Menschen haben Ermutigung noch dringender nötig als alle anderen. Wenn Sie jemandem ein Kompliment machen, dann bekommen Sie vielleicht als Antwort: »Nein, das bin ich nicht. Alle Ehre dem Herrn.« Oder: »Ich glaube, du brauchst eine Brille.« Ja, es kann sogar sein, daß Sie jemanden umarmen und urplötzlich das Gefühl haben, ein Brett in den Armen zu haben.

Lassen Sie sich davon nicht abschrecken. Diese drei Beispiele fassen vielleicht fünf Prozent der Reaktionen zusammen, die einem begegnen, wenn man andere ermutigen will. Ich erwähne sie trotzdem, weil sie eben vorkommen. Wahrscheinlich 95 Prozent aller Menschen strahlen übers ganze Gesicht, wenn sie aufbauende Worte hören. Deshalb: »Weigere dich nicht, dem Bedürftigen Gutes zu tun, wenn es deine Hand vermag« (Sprüche 3,27).

Ihr Gehorsam gegenüber dem Gebot Gottes darf nicht davon abhängen, welche Reaktionen Sie erleben. Wenn Sie sich zu sehr mit der Frage befassen, wie Ihr Handeln aufgenommen wird, dann kommen Sie nie dazu, auch wirklich etwas zu tun, weil Sie sich irgendeine Situation vorstellen, in der Sie sich selbst zum Narren machen.

Beständig sein

Sind Sie ein Mensch, auf dessen Ermutigung Verlaß ist? Erwarten andere Menschen von Ihnen Ermutigung, weil sie wissen, daß Sie immer das Beste in den Menschen sehen? Das heißt nicht, daß Sie blind sind für das Bild als Ganzes. Mit Sicherheit treten unsere Schwächen sehr oft offen zutage, auch wenn wir uns noch so viel Mühe geben, sie zu verbergen.

Aber Sie können beschließen, die Stärken eines Menschen ausbauen zu helfen und so seine Persönlichkeit weiterentwickeln – wir alle reagieren sehr viel positiver auf Ermutigung als auf Kritik.

Wenn Sie es sich erst einmal zur Gewohnheit gemacht haben, andere aufzubauen, dann werden Sie gar nicht mehr mit Menschen zusammensein können, ohne zu ermutigen.

Wenn Sie noch nicht in dem Stadium sind, in dem das ganz natürlich ist, setzen Sie sich folgende Ziele:

- Keine Bibelstunde, kein Seminar und keine andere Zusammenkunft zu verlassen, ohne nicht mindestens eine Person ermutigt zu haben.
- Wenn Sie mit Einzelpersonen aus der Familie oder dem Freundeskreis zusammen sind, immer mindestens eine ermutigende Aussage zu machen.
- Jeden Monat mindestens an einen oder zwei Menschen ein paar ermutigende Zeilen zu schreiben.

Solche Leitlinien werden Ihnen schon bald gar nicht mehr bewußt sein, weil dieses Verhalten ein Nebenprodukt Ihres inneren Wesens als Mutmacher(in) sein wird.

»Verteiler« sein

Es ist doch etwas Schönes, wenn die Leute über Sie reden und das Gesagte positiv ist. Alter Klatsch, geerbte Klamotten und Gebrauchtwagen sind vielleicht nicht so begeisternd, aber ein Lob aus zweiter Hand ist etwas ganz Wunderbares.

Wenn ich mit jemandem rede, der eine dritte Person lobt, lege ich dieses Lob unter der Rubrik »zum Weitergeben« ab. Wenn ich dann irgendwann später mit dieser dritten Person zusammentreffe, gebe ich das Lob weiter.

Das habe ich auch einmal mit einem Ehepaar gemacht, das gegenüber von uns wohnt. Die beiden hatten die Angewohnheit, sich ziemlich üble Wortgefechte zu liefern, und zwar auf der Terrasse, so daß die ganze Nachbarschaft mithören konnte. Sie zankten sich nicht nur ein bißchen – sie gingen sich gegenseitig an den Kragen. Es waren echte Kriegserklärungen.

Eines Tages fragte ich Kyle, ob er seine Frau eigentlich liebe.

»Das kannst du aber glauben!« antwortete er zwar grantig, aber ohne zu zögern. »Ich könnte ohne die . . . gar nicht leben.«

»Vielleicht hast du mich ja reingelegt«, dachte ich.

Als ich das nächste Mal mit seiner Frau Denise zusammen war, berichtete ich ihr, was Kyle gesagt hatte.

»Wirklich?« schnaufte sie und sah ziemlich überrascht aus. »Ich liebe ihn auch, den alten . . .«

Dann ging ich wieder zu Kyle und sagte ihm, daß seine Frau ihn wirklich liebe. Anscheinend hatten sie sich das gegenseitig noch nie gesagt, denn es war ihm offensichtlich völlig neu. »Das hat sie zu dir gesagt?« fragte er ungläubig. »Daß sie mich liebt?«

Inzwischen haben Kyle und Denise ihr Leben Jesus anvertraut. Ich will das nicht als persönlichen Erfolg verbuchen, aber ich glaube, daß Gott mich benutzt hat, um etwas ganz Bestimmtes zu säen. Und genau das bedeutet es, Mittelsmann bzw. -frau zu sein: Ermutigende Worte von einer Person zur anderen weiterzutragen. Wie oft reden wir eigentlich positiv über Menschen, die nicht anwesend sind? Unsere Worte der Wertschätzung werden zwar gesagt, gelangen aber nie an die Ohren derjenigen, die sie am dringendsten brauchen.

Es macht mir große Freude zu erleben, wie Worte, die ich übermittelt habe, für andere zum Segen werden. Das ist wie beim Getriebe im Auto. Das Getriebe überträgt die Antriebskraft vom Motor auf die Räder. Wenn ich Worte vom Herzen eines Menschen an einen anderen weitergebe, ermutigen und beflügeln sie diesen.

Da sein

Nur einfach irgendwo anwesend zu sein, kann manchmal schon Ermutigung sein, denn die bloße Anwesenheit in bestimmten Situationen sagt mehr als Worte oder Taten es je könnten. Ich muß gestehen, daß ich persönlich nicht zu denen gehöre, die überall dabei sind, es sei denn, es gibt einen wirklich guten Grund. Ich mag Menschen, aber ich verabscheue sinnlose Veranstaltungen.

Ich gehe zu keiner Hochzeit oder Tupper-Party, einfach weil ich eingeladen bin. Zuerst überlege ich: Macht es wirklich einen Unterschied, ob ich da bin oder nicht? Interessiert es überhaupt jemanden, ob ich da bin? Wird überhaupt jemand merken, daß ich da bin? Zugegeben, ich treibe es mit diesen Analysen bisweilen zu weit, aber ich kann es einfach nicht leiden, kostbare Zeit mit Small talk bei irgendwelchen sinnlosen Treffen zu verplempern. Und noch mehr hasse ich das unbehagliche Gefühl, das mich normalerweise befällt, wenn ich mit Leuten zusammen bin, die ich nicht kenne.

Aber wenn meine Anwesenheit irgendwo bewirkt, daß auch nur ein einziger Mensch ermutigt wird, dann bin ich schneller da, als das letzte Wort der Einladung ausgesprochen ist. Einfach da zu sein, kann manchmal auch ziemlich unbequem sein, dann nämlich, wenn das mit dem eigenen Zeitplan oder den eigenen Zielen kollidiert. Es kann bedeuten, das eigene Leben »auf Sparflamme« zu halten, zumindest für den Augenblick.

Nicht immer wirkt die Anwesenheit eines Menschen ermutigend. Manche Leute kommen in unser Leben hereingeweht und sind dann genauso schnell wieder verschwunden, wie sie aufgetaucht sind. Manche kommen, und ihr Mund steht keinen Augenblick still. Manche tauchen auf und verschwinden in so regelmäßigen Abständen, daß man anfängt, ihre Vorderseite mit dem Rücken zu verwechseln. Manche schleichen sich ein und suchen ständig nach einer Öffnung, andere poltern herein und saugen einem alles Leben aus, bevor sie wieder verschwinden.

Manche sind auch *für einen da;* vielleicht sagen sie gar nicht viel, aber man spürt die Wärme ihrer Anwesenheit, man hört, wie ihre Herzen Gebete flüstern, man sieht die Tränenspuren auf ihren Wangen, die sie um anderer willen geweint haben. Sie sind einfach da. Nicht nebenan. Nicht am Ende der Straße, sondern sie sind da, bei einem, neben einem – und sie zeigen ihre Fürsorge, indem sie in der Nähe sind.

Wie gut wir andere ermutigen können, hängt von der jeweiligen Person und der Situation ab. Keine Methode wirkt immer und bei jedem Menschen. Wenn das so wäre, bräuchten wir den Heiligen Geist nicht. Letztlich ist es also keine Frage des »ene-mene-muh-und-raus-bist-du«, welche Methode wir einsetzen. Statt dessen heißt es: Heiliger Geist, ich sehe eine Not. Wie willst du, daß ich darauf reagiere?

5. Ermutigen – wann und wo?

Der richtige Zeitpunkt, das Timing, ist ein wesentlicher Faktor, wenn man andere Menschen aufbauen will. Im folgenden Kapitel soll es darum gehen, inwiefern ein bestimmter Ort oder Zeitpunkt Ermutigung besser fördert als ein anderer. Wenn Sie Ihrer Tochter sagen, wie hübsch sie ist, unmittelbar nachdem sie gestolpert ist und sich das Gesicht aufgeschlagen hat, dann ist das ganz bestimmt nicht der richtige Zeitpunkt. Es mag durchaus stimmen, daß sie ein hübsches Mädchen ist, aber in diesem Augenblick kommt das kaum besonders zum Ausdruck. Machen Sie ihr besagtes Kompliment lieber ein andermal. In diesem speziellen Augenblick wäre es bestimmt ermutigender für sie, wenn Sie sich dafür interessierten, ob sie sich verletzt hat. Oder Sie könnten ihr versichern, daß niemand das Mißgeschick beobachtet hat, wenn sie sich mit schamrotem Gesicht wieder aufrappelt.

Weil wir anscheinend dieses Bedürfnis haben, in der Öffentlichkeit immer in guter Haltung und gefaßt aufzutreten, leidet unser Selbstwertgefühl erheblich darunter, wenn wir nach außen nicht perfekt wirken. Wenn das der Fall ist, braucht man besonders viel Ermutigung. Aber denken Sie daran, daß Ort und Zeitpunkt Ihrer ermutigenden Aussage einen ganz wesentlichen Faktor darstellen. Eine Freundin von mir, die nicht viel über Ermutigung wußte, fragte mich, wann sie es denn tun sollte: »Zweimal die Woche oder einmal im Monat oder einfach, wenn mir danach ist?«

Ich fürchte, sie hat etwas Wichtiges nicht verstanden. Es gibt keine feste Regel. Man kann sich nicht abends ins Bett legen und sich fragen, ob man heute das richtige Maß an Ermutigung ausgeteilt hat. Wenn Sie der Meinung sind, es hat nicht gereicht, dann ist es ziemlich sinnlos, Ihre schlafende Frau zu wecken und zu sagen: »Liebling, heute morgen war mein Ei genau richtig gekocht.« So funktioniert Ermutigung einfach nicht.

Die Bibel sagt ganz klar, wann man ermutigen soll: »Sondern ermuntert einander jeden Tag, solange es ›heute‹ heißt . . .« (Hebräer 3,13; Elberfelder Bibel). Das kann zwanzigmal am Tag sein oder auch nur einmal. Aber »alle Tage« heißt jeden Tag. Wenn wir es nun jeden Tag tun sollen, dann müssen wir aufmerksam sein für die Situationen, in denen Gott uns Menschen über den Weg schickt, sei es, daß sie zu uns kommen oder wir ihnen einfach irgendwo begegnen. Lassen Sie uns jetzt genauer untersuchen, wo es zu solchen Begegnungen kommen kann.

Zu Hause

Ihre größte Herausforderung im Ermutigen kann durchaus bei Ihnen zu Hause auf Sie warten. Man kann sie vergleichen mit dem Fahren eines Schaltwagens. Wenn man so ein Auto fahren kann, kann man fast jedes Fahrzeug fahren. (Ich sage »fast«, weil ich kürzlich zum ersten Mal einen Traktor gefahren habe, und das war ziemlich anders, als mit einem Kleinwagen durch die Innenstadt zu flitzen.) Wenn Sie in der Lage sind, Ihre Familienmitglieder zu ermutigen, mit deren Fehlern Sie es ja tagtäglich zu tun haben, dann können Sie fast jeden Menschen ermutigen.

Weil das Zuhause in der Regel der Hort und Hafen ist, wo man nicht den hohen Verhaltenserwartungen der Außenwelt entsprechen muß, neigen wir wohl alle dazu, uns dort ein wenig gehenzulassen. Wir machen es uns zu bequem und rutschen in die »Laß-mich-bloß-in-Ruhe-Haltung«, in der wir meinen, daß man uns einfach so lassen sollte, wie wir sind, egal, was wir tun oder sagen. Wir maßen uns das Recht an, uns wie ein Ekel zu verhalten, wenn wir uns so fühlen – denn schließlich sind wir ja zu Hause, in den eigenen vier Wänden. Warum ist Ermutigung innerhalb der familiären Strukturen so unerläßlich? Einer der Gründe liegt darin, daß ein Großteil des Tages von der Arbeit oder Schule verschlungen wird. In dieser Zeit sind wir alle häufig der Kritik anderer ausgesetzt. Wenn wir uns darauf verlassen können, daß wir innerhalb der Familie aufgebaut werden, dann wird die Kritik dadurch abgemildert.

Manchmal bitte ich während unserer Familienandachten jedes einzelne Familienmitglied, über jeden anderen aus der Familie etwas Positives zu sagen. Das geht in etwa so:

»Grant, was gefällt dir an Travis? Was macht ihn für dich zu etwas ganz Besonderem?«

»Manchmal darf ich mit bei ihm in seinem Zimmer schlafen.« Oder: »Er ißt mein Gemüse, wenn keiner hinguckt.«

Manchmal wird dieser Austausch auch ein bißchen überschwenglich:

»Mama, an dir mag ich am liebsten, daß du mir immer zuhörst. Du bist meine beste Freundin. Ich kann mit dir reden und weiß, daß es dich wirklich interessiert.«

Dann schicke ich sie meistens schnell ins Bett, bevor mir die Tränen kommen. Es kann sein, daß sie den ganzen Tag nur herumgezankt haben, aber wenn sie all das Positive über sich gehört haben, gehen sie meistens lachend und in schönster Eintracht ins Bett.

Manchmal ist es gar nicht einfach, ein Lob anzubringen. Einer von uns hat vielleicht einen schlechten Tag gehabt und beschließt, aus welchem Grund auch immer, mißmutig zu sein. Diesen übellaunigen Menschen sparen wir uns beim Lob bis zum Schluß auf, und wenn die betreffende Person dann gehört hat, wie wunderbar sie ist, und feststellt, daß sie immer noch akzeptiert wird, selbst in diesem knurrigen Zustand, dann kommt auch von ihr irgendwann eine, wenn auch vielleicht eher zögerliche, positive Aussage.

Zu Hause – das ist der Ort, wo man seine Verteidigungsmechanismen fallen lassen kann, wo man seine Schwächen zeigen kann und wo man weiß, daß man wieder aufgebaut wird.

In der Gemeinde

Viel zu oft hetzen wir in die Kirche hinein und wieder hinaus, ohne die Menschen dort wirklich zu sehen. Meine befriedigendsten Begegnungen erlebe ich in den wenigen Augenblicken vor und nach dem Gottesdienst. Wenn ich mich mies fühle, möchte ich mich oft am liebsten nicht in der Gemeinde sehen lassen, weil ich dann keine Menschen um mich haben mag. Aber wenn ich mich dann zwinge, zur Kirche zu gehen, nicht nur wegen des Gottesdienstes, sondern um des Leibes Christi willen – wegen der Menschen, die, genau wie ich, zu ihm gehören –, dann bin ich nach dem Gottesdienst in der Regel aufgeräumter. Anders ausgedrückt: Wir müssen auch die Bereitschaft haben, uns zu zeigen und aufmuntern bzw. ermutigen zu lassen.

»Darum, solange wir noch Zeit haben, laßt uns Gutes tun an jedermann, allermeist aber an des Glaubens Genossen« (Galater 6,10). Unsere erste Verantwortung als Menschen, die anderen Mut machen, gilt unseren Brüdern und Schwestern in Christus. Die Gemeinde ist in der Welt von heute eine stabilisierende Kraft. Wenn wir uns nicht gegenseitig ermutigen, dann haben wir nichts in unserem Reservetank, womit wir einer Welt ohne Hoffnung dienen könnten.

Es bekümmert mich, wenn ich miterlebe, wie die Gemeinde mit dem Finger zeigt, predigt und herablassend verurteilt, statt zu ermutigen – und dabei auf das verweist, was sie als ihre von Gott gegebene Aufgabe betrachtet, nämlich sich auf die Sünde jedes einzelnen zu stürzen.

Ganz bestimmt ist Sünde nicht zu rechtfertigen. Ich hasse die Sünde, die immer noch in mir ist. Ich würde alles darum geben, vollkommen zu sein. Aber weil ich nun mal noch nicht den Auferstehungsleib habe, sündige ich immer noch. Ich kenne die meisten meiner Schwächen selbst sehr gut, und deshalb brauche ich nicht ständig an sie erinnert zu werden. Was ich dagegen brauche, ist jemand, der mir sagt, was ich dagegen tun kann, und der mir neue Hoffnung gibt.

Bitte, könnte mir jemand mal etwas sagen, was ich richtig und gut mache, bevor ich das Handtuch schmeiße? Wenn ich mich nicht auf meine geistliche Familie verlassen kann in punkto Ermutigung, auf wen dann?

Am Arbeitsplatz und in der Schule

Weil wir mit den Menschen, mit denen wir zusammen zur Schule gehen oder arbeiten, so engen Kontakt haben, betrachten wir sie leicht als selbstverständlich und übersehen dabei völlig ihre Bedürfnisse oder Nöte.

Wieviel »Burnout« im Beruf könnte verhindert werden, wenn wir anfangen würden, denen Mut zu machen, die in ihrem Beruf unter starkem Druck stehen? Wie viele Schüler und Studenten, die sich für Versager halten, würden nicht mehr so denken, wenn sie nur einen einzigen Menschen hätten, bei dem sie sich darauf verlassen könnten, daß er sie tagtäglich in ihrem Alltag aufbaut und ermutigt?

Wenn Sie morgen auf dem Weg zur Schule oder zur Arbeit sind, könnten Sie doch einmal, statt an Ihre verschiedenen Alltagsaufgaben zu denken, im Geiste eine Liste der Menschen zusammenstellen, die in Ihrer Alltagsumgebung, sei es Schule, Arbeitsplatz oder Universität, Ermutigung gebrauchen könnten.

Ich halte sehr viel von der Lehrerin meines sechsjährigen Sohnes. Oft bringt mein Kind Urkunden mit nach Hause, die irgendeine Aussage zu seinem Verhalten oder seinen Leistungen an diesem Tag machen. Das kann der Preis für den besten Zuhörer oder für die beste Unterrichtsbeteiligung sein. Jedenfalls ist die Lehrerin sehr bemüht, ihre Schüler und Schülerinnen zu loben, wenn sie etwas gut gemacht haben, und sie ist sehr aufmerksam darin, Gelegenheiten für ein Lob zu finden. Weil Kinder ständig unter dem Leistungsdruck durch Gleichaltrige stehen – oft werden sie sogar hart kritisiert oder ausgelacht, wenn ihre Leistung nicht dem Standard der Gruppe entspricht –, ist es gut zu wissen, daß mein Sohn sich darauf verlassen kann, daß seine Lehrerin seine Stärken zur Kenntnis nimmt und auch etwas dazu sagt.

Bestimmte Situationen am Arbeitsplatz oder in der Schule verleiten zu negativen Rückmeldungen, besonders dort, wo mit der Öffentlichkeit gearbeitet wird. Aber indem wir uns gegenseitig Mut machen und aufmuntern, können wir dieses Negative auffangen und Streß abbauen.

In der Öffentlichkeit

Denken Sie nur einmal an den Friseur oder die Kosmetikerin, an den Supermarkt oder die Reinigung. Dic meisten Menschen suchen solche Orte mit einer ganz bestimmten Absicht auf, nämlich etwas zu erledigen. Man nimmt sich kaum Zeit, Nettigkeiten auszutauschen, und zwar meistens einzig und allein deshalb, weil schon eine lange Schlange von Kunden da ist oder der Terminkalender des Dienstleistenden kaum Raum für Persönliches läßt.

Ermutigung kostet aber nicht viel Zeit. Man muß keine langen Lobeshymnen auf die positiven Eigenschaften eines Menschen singen. Es gibt sicher den Ort und die Zeit für eine ausführliche Darlegung dessen, was Ihnen ein bestimmter Mensch bedeutet oder wie sehr Sie bestimmte Dinge, die er oder sie tut, zu schätzen wissen. Das unmittelbare öffentliche Umfeld ist sicher nicht der geeignetste Ort für solche längeren Ausführungen, aber es gibt dort andere Möglichkeiten, Ermutigung zu verbreiten.

Zum Kassierer bei der Bank kann man sagen: »An Ihren Schalter komme ich am liebsten, weil Sie immer so freundlich sind.«

Zu Ihrer Friseuse: »Ich habe schon viele Komplimente für meine Frisur bekommen. Sie machen das wirklich gut.«

Zum Mechaniker in der Autowerkstatt: »Es gibt so viele Werkstätten, in denen man übers Ohr gehauen wird. Wie gut, daß ich mich auf Sie wirklich verlassen kann.«

Solche Geschäftsleute müssen sich tagtäglich so viel Gemecker und Klagen anhören, daß Sie ihnen wie der Silberstreif am Horizont vorkommen werden, und Sie werden darüber hinaus ein gerngesehener Kunde sein.

Als ich kürzlich einen Anwalt brauchte, rechnete ich eigentlich damit, daß sich der Rechtsstreit über Monate hinziehen würde. Der Anwalt erledigte das Ganze aber innerhalb weniger Wochen und ersparte mir dadurch eine Menge seelischer Belastungen. Durch sein Können und seine Effizienz konnte ich mein Leben sehr schnell wieder neu ordnen. Ich schrieb ihm einen kurzen Brief, in dem ich ihn wissen ließ, wie sehr ich seine Schnelligkeit und Gründlichkeit in der Verhandlung meines Falles zu schätzen wisse. Er hatte gute Arbeit geleistet und verdiente deshalb auch eine positive Rückmeldung.

In Gruppen

Eine der kostbarsten Ermutigungs-Aktionen, die ich je erlebt habe, war ein Fest, das mir zu Ehren veranstaltet wurde. Es war weder mein Geburtstag noch mein Hochzeitstag; ich hatte kein Baby bekommen (was eigentlich ungewöhnlich war, weil ich alle zwei Jahre eins bekam und dies eigentlich so ein Jahr gewesen wäre). Susie, die Gastgeberin, hatte ganz einfach beschlossen, daß ich eine Aufmunterung brauchte. Und damit hatte sie wirklich ins Schwarze getroffen! Sie hatte die Initiative ergriffen und eine Reihe von Freunden zusammengerufen, um mit uns allen eine Überraschungs-Teddybär-Party steigen zu lassen. Sie wußte genau, wie wenig ich sentimentales, gefühlsduseliges Zeugs mag, und sie veranstaltete das gefühlsduseligste, sentimentalste Fest für mich, das man sich nur denken kann. Und was könnte gefühlsduseliger sein als Teddybären?

In der Meinung, einfach so bei ihr zum Essen eingeladen zu sein, betrat ich das Haus, wo ich von einem riesigen, herzförmigen Transparent begrüßt wurde mit der Aufschrift: »Wir lieben dich, Gloria« und der Unterschrift jedes Gastes. Sie wiesen mir einen bestimmten Platz zu und sangen mir Lieder vor, die sie extra für mich gedichtet hatten. Sie häuften alle möglichen Teddybär-Utensilien und Erinnerungsstücke auf meinen Schoß – Teddybären in allen Größen, Poster, Kaffeebecher, Spielkarten –, und mit jedem Geschenk bekam ich eine »bärige« Umarmung.

Sie hatten mir sogar einen Teddybär-Kuchen gebacken.

Ich mußte den ganzen Abend vor Rührung weinen, weil ich mich nicht erinnern konnte, mich je so geliebt gefühlt zu haben.

Ein Grund, weshalb Ermutigung in einer Gruppe so wirkungsvoll ist, liegt darin, daß im wesentlichen jeder einzelne sagt: »Ich liebe dich, und ich möchte, daß jeder weiß, warum du etwas ganz Besonderes für mich bist.«

Ich habe mit Gruppen zu tun gehabt, in denen es spezielle »Bestätigungsphasen« bei den Treffen gab. Das funktioniert auf zweifache Weise: Entweder wird eine einzelne Person von allen anderen Anwesenden bestätigt, oder jeder, der mag, kann ein anderes Gruppenmitglied ermutigen und bestätigen, indem er etwas Positives sagt.

Solche Gelegenheiten haben mir immer sehr viel bedeutet, weil ich dabei war und miterlebt habe, wie andere

Herzensanliegen mitgeteilt haben, die sie vielleicht ohne diese Gelegenheit nie geäußert hätten.

Aufmunternde Worte zu hören, selbst wenn sie nicht direkt an einen selbst gerichtet sind, bewirkt immer ein warmes Gefühl. In einer Gruppensituation, in der eine Person jemanden aufbaut und aufmuntert, fällt für alle Anwesenden etwas Positives ab. Denn solche mitgeteilte, wohltuende Wärme ist ansteckend. Jemand, der in der Gruppe neu ist oder nur zu Gast, sagt möglicherweise: »Diesen Menschen liegt etwas aneinander. Vielleicht liegt ihnen ja auch etwas an mir.« Oder vielleicht beschließt ein sehr verletzter Mensch: »Wenn sie die oder den mit all ihren Problemen akzeptieren können, vielleicht akzeptieren sie dann ja auch mich.«

Nicht nur in der Welt, sondern auch in der Gemeinde gibt es viel Gezerre und Zerreißen (es ist traurig, aber manchmal gibt es davon in den Gemeinden sogar mehr als in der Welt). Als Glieder des Leibes Christi können wir eine solide Behandlung der Schrammen und Tränen anbieten, einen Ort, wo Leben neu in die Hand genommen werden kann. Ermutigung in Gruppen ist eine Möglichkeit, dafür Raum zu bieten.

In Einzelbegegnungen

Am meisten Aufmunterung und Ermutigung habe ich persönlich in Einzelbegegnungen sowohl erhalten als auch weitergegeben – am Telefon, beim Essen, auf Autofahrten, vor und nach Gruppentreffen, überall, wo zwei Menschen sich begegnen, um einige Augenblicke ihres Lebens mit jemandem zu teilen.

Die Aufmunterung im Zweiergespräch ist dann am wirkungsvollsten, wenn man die ungeteilte Aufmerksamkeit der anderen Person hat. Jemandem etwas sehr Persönliches zu sagen, kann schon schwierig genug sein, wenn man nicht die Angst haben muß, daß gleich jemand hereinplatzt, um vielleicht nur ein bißchen zu plaudern. Aus diesem Grund finde ich es fast unmöglich, mit jemandem innerhalb einer Gruppensituation ein sinnvolles Gespräch zu führen.

Aufmunterung ist keine Sache, um die man sich in einem Zweiergespräch unbedingt bemühen müßte, sie sollte sich ganz natürlich und mühelos ergeben. Mit etwas, das so mühelos erscheint, können wir lebenswichtige Kraftquellen fürs Leben erschließen. Oft erweist sich das, was wir für eine lockere Mittagspause mit einer Freundin gehalten hatten, als eine Lektion im Überleben, wenn wir Worte sagen oder zu hören bekommen, nach denen wir uns gerade von diesem betreffenden Menschen so sehr gesehnt haben.

Wo man geht und steht

Ermutigung muß überall stattfinden. Ich kann mir keine Ausnahme vorstellen. Wenn wir erst einmal den Entschluß gefaßt haben, ein »Mutmacher« zu sein, dann kann Ermutigung überall geschehen, wo wir auch sind.

Vielleicht läuft es nicht immer so gut, und vielleicht bringt es auch nicht immer den hundertprozentigen Erfolg, den wir angestrebt und erhofft haben. Vielleicht glauben einem die anderen auch gar nicht – aber lassen Sie sich dadurch nicht abhalten. Vielleicht glaubt Ihnen beim nächsten Mal jemand, wenn Sie etwas Ermutigendes sagen, und schwingt sich aufgrund Ihrer Worte zu ungeahnten Höhen auf.

Jesus ermutigte Menschen, wo immer er war. Ich frage mich, ob er auch manchmal gern gesagt hätte: »Ich geb's auf!« In einer seiner Reden ermutigte er die Menschen mit folgenden Worten: »Ich bin das Licht der Welt. Wer mir nachfolgt, der wird nicht wandeln in der Finsternis, sondern wird das Licht des Lebens haben« (Johannes 8,12). Die Pharisäer konterten sofort: »Ach wirklich? Wer sagt das? Du stellst dich hin und erzählst uns, daß du das Licht bist. Toll. Beweise es!«

An dieser Stelle hätte Jesus sagen können: »Ach, vergeßt es einfach. Ist sowieso egal.« Statt dessen ermutigte er die Zuhörer noch mehr. Die meisten von ihnen verhielten sich auch weiterhin wie Betonköpfe, aber am Ende eines offenbar sehr anstrengenden Gesprächs heißt es in der Bibel: »Als er das sagte, glaubten viele an ihn« (Johannes 8,30).

Wenn wir uns ein Beispiel an Jesus nehmen und andere ermutigen, wo wir auch sind, dann werden unsere Bemühungen auch Frucht bringen.

6. Wer braucht Ermutigung?

Wer braucht eigentlich Ermutigung? Alle brauchen sie – vom Präsidenten über den Finanzminister bis hin zu Angestellten im Büro oder dem Fließbandarbeiter in der Fabrik.

Woher ich das weiß? Schließlich ist doch zum Beispiel der Präsident in die höchste und angesehenste staatliche Position gewählt worden. Wieso sollte er da noch Ermutigung brauchen? Tatsache ist doch, daß er mit Ihnen und mir etwas Grundlegendes gemeinsam hat: Er ist ein Mensch. Leider sind Menschen nicht unzerstörbar. Ohne Ermutigung kann man uns herunterziehen und zerstören. Wenn wir es wollen, können wir uns sogar selbst zerstören. Etliche einflußreiche und mächtige Berühmtheiten der Geschichte haben Selbstmord begangen. Ob sie ihrem Leben wohl auch dann so schnell ein Ende gesetzt hätten, wenn sie von einem Menschen liebevoll ermutigt worden wären?

Selbst wenn wir zu dem Schluß kommen, daß jeder Mensch Ermutigung braucht, haben wir weder die Zeit noch den Freiraum, uns mit jedem einzelnen Menschen zu befassen. Aber bei einigen wenigen können wir die speziellen Nöte oder Bedürfnisse feststellen. Dabei sollten wir berücksichtigen, daß Menschen verschieden sind. Wenn wir ermutigen wollen, können wir nicht mit allen gleich umgehen.

Menschen in Angst

Wir haben alle in bestimmten Situationen Angst gehabt. Aber viel schlimmer als solche einzelnen Angstmomente sind die eiskalten Finger, die uns in längeren Angstphasen umkrallen und aus deren Griff wir uns offenbar selbst nicht befreien können.

Wenn wir Angst haben, spiegelt unser Verhalten das wider. Es ist nicht schwer, Menschen zu erkennen, die Angst haben. Sie zittern, weinen, kauen an den Fingernägeln, lachen zu laut oder legen alle möglichen untypischen Verhaltensweisen an den Tag (untypisch zumindest für sie), die auf Angst hindeuten. Wenn ich beispielsweise Angst habe, dann krampft sich mein Magen zusammen, mein Herz schlägt unregelmäßig, und ich kann nichts mehr sagen – für diejenigen, die mich kennen, ein untrügliches Zeichen dafür, daß ich Angst habe. Je mehr ich versuche, mich zu entspannen, desto schlimmer wird es.

Angst lähmt. Wenn man sie nicht behandelt, kann sie Verheerendes mit uns anrichten, sie kann unsere Möglichkeiten als Werkzeuge Gottes ruinieren und letztlich unser ganzes Leben zerstören. Es wäre doch toll, wenn wir uns vom Gefühl der Angst einfach lösen könnten, einfach einen Schritt zurücktreten und objektiv sagen könnten: »Also, ich glaube nicht, daß ich die jetzt brauche«, und sie dann beiseite zu schieben.

Ich wünschte, es wäre so einfach. Leider ist das aber nur ganz selten der Fall. Durch Ermutigung kann allerdings die Zerstörung, die in unserem Leben durch Angst angerichtet wird, verhindert werden. Jesus ermutigte seine Jünger an den Stellen, wo sie von einer solchen Angst befallen wurden, mit den Worten: »Fürchte dich nicht, glaube nur« (Markus 5,36).

Der bewußte, positive Akt, den Glauben einzusetzen, negiert die Angst. Als ich damit anfing, Bibelkreise zu leiten, war ich vor Angst wie versteinert. (Ich gehöre nicht zu den Menschen, die von Natur aus mit mehr als einem Menschen gleichzeitig sprechen können.) Ich war so angespannt, daß meine Stimme zitterte. Aber ich machte weiter, und zwar einzig und allein, weil ich glaubte, daß Gott die Tür auch öffnen würde, durch die ich nach seinem Willen gehen sollte. Langsam nahm die Angst ab – und inzwischen unterrichte ich sehr gern.

»Seid getrost, ich bin's; fürchtet euch nicht!« (Markus 6,50). Wir können Menschen in Angst daran erinnern, daß Jesus da ist, daß er alles im Griff hat, daß man ihm die angstmachenden Umstände anvertrauen und sich dann darauf verlassen kann, daß er die Dinge in die Hand nimmt. Immer wenn die Jünger Angst hatten, vertrieb Jesus diese Angst mit einem Wort der Ermutigung. Wovor sollten wir uns in der Gegenwart von Jesus Christus fürchten?

So wie Davids Harfenspiel König Saul beruhigte, beruhigen Worte der Ermutigung Menschen in Angst.

Zornige Menschen

Zornige Menschen ermutige ich nur aus Gehorsam gegenüber Gott. Ich meine hier gar nicht die schreienden, wild mit den Armen fuchtelnden Menschen, obwohl die ganz bestimmt in die Kategorie »zorniger Mensch« gehören. Ich denke dabei vielmehr an Leute, die mit Wut im Bauch durchs Leben gehen und sofort explodieren, wenn man den richtigen Knopf drückt. Dann kann man den armen Menschen nur bedauern, der den Knopf gedrückt hat. In seinem Buch »Why Am I Afraid To Tell You Who I Am« (»Warum ich Angst habe, dir zu sagen, wer ich bin«, Niles 1969, S. 144) erklärt John Powell:

»Menschen, die schnell aufbrausen und laut werden, reagieren auf etwas Vorgeschobenes, das nicht der eigentliche Grund für ihre Heftigkeit ist. Weil sie nicht offen über ihren eigentlichen Kummer sprechen können, lassen sie einfach Dampf ab, und ihr Zorn ist eigentlich nicht wörtlich zu nehmen. Was in ihrem Unbewußten gärt, ist anderen gegenüber viel feindseliger, als ihnen bewußt ist (es wird verdrängt), weil unsere Gesellschaft uns dazu konditioniert zu glauben, daß sich Feindseligkeit unter zivilisierten, kultivierten Menschen einfach nicht gehört.«

Weil ich selbst ein gefühlsbetonter Mensch bin, weiß ich, was ich brauche, wenn ich wütend bin. Oft hilft es, wenn mich jemand barsch zurechtweist, mich aus meinem Zorn herausschockiert: »Hör sofort auf damit. Du benimmst dich wie ein dummes Gör.«

»Ach wirklich? Ich wußte gar nicht, daß man das merkt.«

Gar nicht gut vertragen kann ich es in solch einem Zustand, wenn Menschen, die ich liebe, sich von mir fernhalten, aber genau das tun die meisten. Zorn gehört zu den Emotionen, mit denen man bei anderen am schwersten umgehen kann. Ich gehöre zu den Menschen, die sagen, was sie denken (das haben Sie ja vielleicht schon bemerkt), und wenn ich wütend bin, dann kommt das mit Wucht aus mir heraus. Dadurch fühlen sich viele Menschen bedroht und bringen sich verständlicherweise vor mir in Sicherheit.

Mir ist klar, daß Wut etwas sehr Schwieriges ist. Ich habe einmal von einem Seelsorger gehört, der versuchte, einen wütenden Mann zu trösten, der eines Tages zu ihm kam. Die Konfrontation endete damit, daß die beiden Männer durch eine Glasscheibe flogen. Mit wütenden Menschen muß man sehr vorsichtig umgehen. Ich habe erlebt, wie wirklich nette Menschen (Menschen, die kaum einmal richtig wütend werden) über eine wütende Freundin urteilten: »Wenn Faye erst einmal die richtige Einstellung bekommen hat, dann kann sie bestimmt eine gute Leiterin sein.« Oder: »Wenn Jim je seinen gekränkten Eigensinn loswürde, könnten wir ihn fragen, ob er Ältester werden will.«

Als Petrus dem Soldaten das Ohr abschlug, reagierte Jesus nicht schockiert, etwa mit den Worten: »Petrus, ich finde deine Einstellung ganz und gar nicht gut. Ich finde, du solltest besser erst einmal eine Zeitlang kein Apostel sein, bis du mit dir im reinen bist.« Sondern er setzte sich sofort an Ort und Stelle mit Petrus' Zorn auseinander. Weil dieser Vorfall danach nicht mehr erwähnt wird, gehe ich davon aus, daß sich an Petrus' Status als Apostel nichts geändert hat.

Selbst als Petrus Jesus verleugnete, verlor er nicht seine Stellung als Apostel. Jesus forderte nicht einmal von ihm, seine Treue zu ihm unter Beweis zu stellen. Nachdem Petrus *Buße getan* hatte – und das ist hier der Schlüsselbegriff –, wurde ihm vergeben, und er wurde sofort wieder in Gnaden aufgenommen.

Wenn ich wütend bin, dann ermutigt es mich, wenn eine Freundin mich meine Gefühle einfach herausreden läßt, ohne die geäußerten Gemeinheiten persönlich zu nehmen. Worte wie: »Ja, das ist hart. Es tut mir so leid«, machen mir Mut. Oder wenn mir jemand eine provokative Frage stellt, damit ich selber konstruktive Lösungen für die Ursache meines Zorns finden kann. Leider gibt es nicht viele Leute, die mir dazu Gelegenheit geben. Die meisten weichen ängstlich zurück: »Ich melde mich wieder, wenn es dir etwas besser geht.«

Für mich ist ein wütender Mensch keine Bedrohung. Ich empfinde es vielmehr als Herausforderung herauszufinden, ob ich diesem Menschen helfen kann. Wenn die Wut sich nicht gegen mich persönlich richtet (in dem Fall mache ich mich in der Regel aus dem Staub), kann ich oft mit der betreffenden Person ihre Wut durchstehen. Vielleicht ist das so, weil es mir relativ leichtfällt, mich in diese Gefühle hineinzuversetzen.

Auf keinen Fall will ich damit Zorn entschuldigen. Unkontrollierter Zorn ist eine Sünde, mit der entsprechend umgegangen werden muß. Wir können einander aber gegenseitig durch solche Gefühle hindurchhelfen.

Bitte schicken Sie mich nicht auf mein Zimmer, ohne mitzukommen und noch eine Weile bei mir zu sitzen. Die meisten wütenden Menschen hassen sich selbst für ihre Wut. Sie brauchen dringend Ermutigung.

Einsame Menschen

Während man Zorn bei einem Menschen ziemlich schnell erkennen kann, ist Einsamkeit nicht so leicht zu identifizieren. Ein Grund dafür ist, daß Menschen nicht gerne zugeben, wenn sie einsam sind, so daß man nie so genau weiß, wer betroffen ist.

Es gibt Menschen, die lieber allein sind als in Gesellschaft. Wenn jemand dieses Bedürfnis nach Alleinsein hat, muß das nicht unbedingt heißen, daß er einsam ist. Andere dagegen fühlen sich auch in Gesellschaft vieler Menschen einsam. Wieder andere sind einsam, weil sie keine Freunde haben, weil sie scheinbar Schwierigkeiten haben, Beziehungen einzugehen, und weil sie nicht wissen, wie sie auf andere Menschen zugehen können, um Freundschaft zu schließen.

Welchen Grund Einsamkeit auch immer haben mag, es ist ein äußerst schmerzlicher Zustand, der bei Menschen, die nicht damit umgehen können, sogar im Selbstmord enden kann.

Wie kann man einsamen Menschen Mut machen? Die offensichtlichste Antwort auf diese Frage lautet wohl: indem man ihnen Freund oder Freundin ist.

Ich kenne eine Frau, die zu vielen Menschen in ihrem beruflichen Umfeld und in der Gemeinde Kontakt hat. Sie ist offenbar bei vielen Menschen beliebt, aber sie hat mir nun schon mehrfach anvertraut, daß sie sich eine Freundin wünscht, der sie ihre innersten Gedanken und Empfindungen mitteilen kann. Ich habe versucht, ihr eine Freundin zu sein, aber ich glaube, ich bin nicht die richtige Person dafür. Einsame Menschen können sehr fordernd sein und erwarten oft mehr von anderen, als diese geben können oder wollen.

Man kann einsame Menschen dazu ermutigen, sich an den verschiedensten Aktivitäten zu beteiligen. Sei es ein Kursus, eine Sportart oder eine Aufgabe in der Gemeinde

– es füllt die Zeit aus. Diese Menschen werden dann zwar wahrscheinlich immer noch eine Weile einsam sein, aber durch den Umgang mit vielen Menschen entwickeln sich in der Regel auch irgendwann Freundschaften. Manchmal ist es gut, einen einsamen Menschen zunächst zu solchen Aktivitäten zu begleiten, bis er sich in der neuen Umgebung auch allein wohlfühlt. Einsame Menschen müssen das Gefühl haben, daß es jemanden gibt, der/die für sie da ist. Wenn man keine Zeit übrig hat, aber den Eindruck, daß es ein Auftrag von Gott ist, sich um einen bestimmten einsamen Menschen zu kümmern, dann ist das auch in Ordnung. Lassen Sie sich einfach hin und wieder bei der betreffenden Person blicken, um sich zu vergewissern, daß alles in Ordnung ist. Das hat mir persönlich in Zeiten der Einsamkeit am meisten geholfen. »Ich rufe nur an, weil ich immer wieder an dich denken mußte. Wie geht es dir?« Einsame Menschen müssen das Gefühl haben, daß jemand an sie denkt, auch wenn diese Person nicht anwesend ist.

Bekümmerte Menschen

Manche Menschen sind chronisch traurig. Haben Sie das schon einmal bemerkt? Sie laufen ständig mit langem Gesicht herum. Ich weiß dann oft nicht so genau, ob das zu ihrer Persönlichkeit gehört, oder ob sie an irgendeinem Punkt in ihrem Leben beschlossen haben, daß es nichts gibt, worüber es sich lohnt, glücklich zu sein.

Aber welche Gründe es auch haben mag, es ist nicht Gottes Wille für uns, daß wir traurig sind: »Seid allezeit fröhlich« (1. Thessalonicher 5,16).

Versuchen Sie, den traurigen Menschen zum Lachen zu bringen, ohne Ihre eigene Freude zur Schau zu stellen, denn Lachen ist ein sehr wertvolles Training sowohl für den Geist als auch für den Körper. »Ein fröhliches Herz tut dem Leibe wohl; aber ein betrübtes Gemüt läßt das Gebein verdorren« (Sprüche 17,22).

Versuchen Sie den Grund herauszufinden, warum jemand traurig ist.

Vielleicht kennt die betreffende Person nicht einmal selbst den Grund. Es könnte eine unglückliche Ehe sein oder eine unbefriedigende Arbeitsstelle. Tiefverwurzelte Trauer überkommt einen Menschen nicht von heute auf morgen. Sie kann Folge einer Anhäufung von Alltagsdruck sein, Streß, der nie nachläßt. Wenn wir sorgenvolle, bekümmerte Menschen dazu ermutigen können, über ihren Kummer zu sprechen, sich einmal anzuschauen, welche Ursachen ihr Kummer haben könnte, dann würden sich vielleicht im Laufe des Gespräches auch Möglichkeiten auftun, damit umzugehen, von denen die betroffene Person bis dahin gar nichts gewußt hat.

Mir kann keiner weismachen, daß es Menschen gibt, die gern traurig sind. Wenn traurige Menschen wüßten, wie man Trauer in Freude verwandelt, dann würden sie es tun. In den meisten Fällen werden sie aktiv, wenn man auf sie zugeht, um ihnen zu helfen.

Von Schuldgefühlen bedrückte Menschen

Den von Schuldgefühlen besetzten Menschen muß man erst einmal zu fassen bekommen, bevor man ihn ermutigen kann. Er verbringt nämlich eine Menge Zeit damit, vor Beziehungen davonzulaufen, vor Menschen, die ihn berühren und liebhaben möchten. Solche Menschen meinen nämlich, daß sie die Liebe anderer nicht verdient haben. Von Schuldgefühlen bedrückt zu sein, ist etwas anderes, als wirklich schuldig zu sein. Diese Menschen haben ständig das Gefühl, etwas Falsches oder Unmoralisches getan zu haben, und deshalb lehnen sie sich selbst ab. Schuldig zu sein bedeutet dagegen, wirklich eine Schuld zu haben, also

Anklage und Strafe verdient zu haben. Sowohl wirklich schuldige als auch unter Schuldgefühlen leidende Menschen brauchen Ermutigung. Man muß ihnen immer wieder versichern, daß Gottes Vergebung auch ihnen gilt, und zwar reichlich. Vielleicht brauchen sie auch die Vergebung anderer Menschen – und mit Sicherheit müssen sie sich selbst vergeben.

Ihre eigentliche Befreiung von Schuld kann aber nur durch Gott allein geschehen. Das kann man nicht für sie tun. Was man allerdings für sie tun kann, ist beten, und man kann Sprachrohr Gottes sein, indem man ihnen immer wieder die Gnade, Vergebung und bedingungslose Liebe Gottes zusichert.

Der Widersacher benutzt Schuld, um das Selbstwertgefühl zu untergraben und Menschen so unbrauchbar für den Dienst zu machen. Denn wenn ein Mensch sich schuldig fühlt, ist das Schuldgefühl oft begleitet von Minderwertigkeitsgefühlen und dem ständigen Kreisen um sich selbst.

Von Schuldgefühlen gequälte Menschen brauchen permanent Bestätigung. Sie müssen daran erinnert werden, daß es nicht aus ist mit ihnen. Denn durch den einen Bereich, auf den sich ihre Schuldgefühle beziehen, kann sich leicht das Gefühl entwickeln, ihr ganzes Leben sei verpfuscht. Sie brauchen ständige Unterstützung, auch in Bereichen, in denen sie stark sind, denn durch ihre Schuldgefühle werden sie blind für ihre Stärken.

Der Umgang mit Menschen, die von Schuldgefühlen bestimmt werden, ist frustrierend. Man möchte auf sie zugehen und ihnen die Last der Schuldgefühle abnehmen, aber es geht nicht. Man fühlt sich hilflos. Mit einem Menschen umzugehen, der heil werden muß, erfordert Zeit – die eigene und die des anderen.

Fröhliche Menschen

Warum muß ein fröhlicher Mensch überhaupt ermutigt werden? Vielleicht denken Sie, daß solche Menschen anderen Mut machen sollen, wenn sie doch selbst so glücklich sind. Hier ein paar Gründe, weshalb auch Menschen, die stets ein Lächeln auf den Lippen haben, Ermutigung brauchen.

- Freude ist kein permanenter Zustand. Sie kommt und geht wie jedes andere Gefühl auch. Keiner ist ständig froh.
- Manche Menschen sind talentierte Schauspieler. In der Öffentlichkeit wirken sie vielleicht immer fröhlich, aber dann gehen sie nach Hause und weinen. Sie sind innerlich verletzt, aber sie sind Spezialisten darin, sich hinter Masken zu verstecken.
- Menschen, bei denen alles in bester Ordnung zu sein scheint, sind Menschen wie Sie und ich. *Jeder* braucht Ermutigung.

Es ist manchmal ziemlich mühsam, Menschen wieder auf den Teppich herunterzuholen. Meine Freundin Joanne gehört zu diesen Menschen. Immer wenn ein Brandpfeil in ihre Richtung geflogen kommt und sie zu durchbohren droht, dann legt sie ihre Rüstung an, steht auf, um den Schuß abprallen zu lassen, und marschiert weiter zum ultimativen Triumph, und das alles mit einem Lächeln. Das heißt nicht, daß Joanne nicht weint oder keine Enttäuschungen erlebt, oder daß sie nicht manchmal weglaufen oder sich verstecken möchte. Genau wie Sie und ich macht auch sie Phasen der Schwäche durch, in denen sie auf die Ermutigung anderer angewiesen ist. Weil sie normalerweise ein Mensch ist, der immer andere ermutigt, verlassen sich die Menschen auf ihre Kraftreserven, und sie würde sicher immer wieder Phasen des »Burnout« erleben, wenn sie nicht ebenfalls von anderen Ermutigung erführe. Sie ist keine Superfrau, sondern eine ganz normale Frau, die sehr viel lächelt.

Was Menschen angeht, die Masken tragen (und tun wir das nicht hin und wieder alle?), so ist es nicht fair, sie zu entblößen, indem man ihnen ihre Masken wegreißt. John Powell legt unsere Versuchungen offen und ermahnt: »Wir unterliegen alle immer wieder der Versuchung, andere zu demaskieren, ihre Abwehrmechanismen zu zerstören und sie nackt und bloß dem Licht auszusetzen, das durch unsere Bloßstellung auf sie fällt. Das kann tragische Folgen haben. Wenn die Teile einer Psyche auseinanderfallen, wer baut dann den armen Menschen wieder zusammen? Können Sie das?« (S. 117)

Ziel muß es sein, dem anderen Mut zu machen, selbst die Maske abzunehmen, und das kann man erreichen, indem man ihm immer wieder versichert, daß man ihn ohne Maske genauso gern hat wie mit Maske. Menschen müssen kein ewiges Lächeln vor sich hertragen, um meine Zuneigung zu gewinnen. Wenn jemand ständig lächelt, macht mich das eher mißtrauisch, und ich frage mich, ob er etwas zu verbergen hat?

Gehen Sie nicht auf Distanz zu einem fröhlichen Menschen, nur weil er auf Sie wirkt, als hätte er eine Glückspille geschluckt. Man kann nicht wissen, was im Inneren eines solchen Menschen vorgeht, und es wäre sicher gut, sich ihm zu nähern, um das herauszufinden. Vielleicht gibt Gott Ihnen dazu den Auftrag.

Teilnahmslose Menschen

»Was macht das schon? Mir ist es egal.« Wenn solche Worte im Zorn gesagt werden, haben sie keine besondere Bedeutung. Aber wenn sie mit monotoner Stimme geäußert werden, dann sind sie ein Alarmsignal. Der Sprecher befindet sich auf gefährlichem Terrain. Teilnahmslos zu sein, bedeutet ungerührt, desinteressiert, unmotiviert zu sein. Wenn jemand das Interesse am Leben verliert, dann kann er letztlich auch denken: *Warum dann eigentlich nicht sterben?*

Wie können wir erreichen, daß jemand neues Interesse bekommt – an irgend etwas? Nun, das können wir nicht *machen,* aber wir können so einem Menschen sicher Anreize dazu bieten.

Vielleicht braucht ein teilnahmsloser Mensch nur einen Tapetenwechsel oder eine neue Perspektive. In der Regel setzt Teilnahmslosigkeit dann ein, wenn ein Mensch das Gefühl hat, absolut nichts beizutragen, nichts zu bewirken. Menschen, die glauben, es sei egal für andere, ob es sie gibt oder nicht, interessieren sich vielleicht schon bald auch nicht mehr für das, was mit ihnen selbst geschieht. Sie fühlen sich überflüssig wie zu viel Gepäck, und möglicherweise sind sie versucht, sich selbst über Bord zu werfen. Wenn einem eine solche Art von Gleichgültigkeit begegnet, dann hat man es vielleicht mit einem Menschen zu tun, der fachkundige Hilfe braucht.

Auch ich selbst war einmal in so einem teilnahmslosen Zustand. Das war schrecklich, denn es gab nichts, was mich wirklich berührte. Was mich schließlich doch noch in meinem Innersten erreichte, war meine Identität als Autorin. Mein Schreib-Nerv hatte doch noch einen kleinen Funken Leben in sich. So klein dieser Funke auch war, ich merkte, daß ich etwas zu geben hatte.

Finden Sie heraus, was bei Ihren teilnahmslosen Freunden dieser Funke ist, und bauen Sie dann darauf auf. Haben sie sich irgendwann einmal für Musik, für das Gemeindeleben oder für ihre Kinder interessiert? Stöbern Sie in diesem Bereich und reizen Sie den Nerv. Hören Sie damit nicht auf, bis sich etwas regt.

Wenn die Kinder Gottes aufhören, sich zu interessieren und zu kümmern, dann ist es aus mit der Welt. Irgendwie müssen wir weitermachen und uns kümmern.

Solche Menschen und noch viele, viele andere brauchen vielleicht unsere Ermutigung, denn kein Gefühl, so positiv es auch sein mag, löscht das menschliche Bedürfnis aus, aufgebaut zu werden. Es ist ein entscheidender Bestandteil der Schöpfungsordnung Gottes.

Schauen Sie sich um in Ihrer Umgebung. Wer braucht Ermutigung?

7. Motivieren oder manipulieren?

Kann etwas so Positives und Besonderes wie Ermutigung auch Gefahren bergen? Das ist durchaus möglich. Ich zögere ein wenig, auch auf diese Gefahren einzugehen, die Ihnen selbst vielleicht nie im Leben in den Sinn kämen, und ich möchte keineswegs etwas so Wunderbares schlecht machen, das Gott uns gibt, damit wir uns gegenseitig aufbauen.

Trotzdem will ich aber vor Gefahren wie Manipulation oder Ausgenutztwerden warnen, damit Sie auf der Hut und vorbereitet sind, wenn Sie damit konfrontiert werden. Vielleicht stolpern Sie sonst nichtsahnend irgendwann über eine solche Gefahr und sagen dann: »Huch! Was mache ich denn jetzt? Warum hat mir keiner gesagt, daß so etwas passieren kann?«

Andere werden Sie auf Ihre Fehler beim Ermutigen hinweisen. Mir liegt etwas daran, daß Sie darauf vorbereitet sind.

Natürlich ist es das Problem der anderen, wenn ihnen nicht gefällt, wie Sie Menschen Mut machen – vorausgesetzt natürlich, Ihre Motive sind in Ordnung.

In seinem Buch »Improving Your Serve« (»Den Dienst verbessern«, Waco/Texas 1981, S. 175) warnt Chuck Swindoll: »Sie werden geben, vergeben, vergessen, Ihren eigenen Willen loslassen, Gott so gut wie möglich gehorchen, in demütiger, freundlicher Haltung anderen die Füße waschen. Und nachdem Sie all diese wunderbaren Dinge getan haben, werden Sie bei der ersten sich bietenden Gelegenheit fertiggemacht werden. Es ist ratsam, sich offenen Auges ans Dienen zu begeben. Wenn wir anderen Menschen lange genug dienen, werden wir oft schlecht dafür behandelt, daß wir das Richtige tun. Wenn wir all das von vornherein wissen, kann es uns eine Hilfe sein, den eigenen Dienst zu verbessern.«

Der Widersacher liebt es, die Arbeit am Reich Gottes durcheinanderzubringen, das Ineinandergreifen der verschiedenen Dienste zu verhindern, zu verdrehen und zu verderben und allem, was Gott zum Guten einsetzen will, einen bösen Beigeschmack zu geben. Ich habe das schon so oft beobachtet, daß ich anfange, seine Methoden zu verstehen (der Widersacher ist nicht sehr einfallsreich und neigt dazu, immer wieder dieselben unglaublich langweiligen Taktiken anzuwenden). So tragisch das auch ist – aber wir Christen sind bisweilen so blind, daß wir ihm direkt in die Hände spielen.

Ich habe erlebt, wie er Mutmacher durch Brüder und Schwestern in Christus angreift, durch genau die Menschen, mit denen der betreffende Mutmacher sich so viel Mühe gegeben hat. Wir müssen wachsam sein, »damit wir nicht übervorteilt werden vom Satan; denn uns ist wohl bewußt, was er im Sinn hat« (2. Korinther 2,11).

Bevor Sie jetzt nervös werden, denken Sie einen Augenblick nach. Erleben wir nicht bei allem, was wir für Gott tun, auch immer wieder Rückschläge, Angriffe und Einbrüche? Missionare müssen mit Schlangen und Spinnen kämpfen, und das sind noch ihre geringsten Probleme. Je näher wir Gott sind, und je mehr wir ihm dienen, desto bedrohlicher sind wir für die Macht der Finsternis. Der Widersacher läßt nichts unversucht, um uns zu entmutigen und unsere Bemühungen als Mutmacher und Mutmacherinnen zu durchkreuzen. Denken Sie daran und legen Sie die Waffenrüstung Gottes an, damit Sie den Angriffen widerstehen können.

Aber genug jetzt vom brüllenden, aber zahnlosen Löwen. Im folgenden einige Gefahren, über die sich ein Mensch mit dem Lebensstil der Ermutigung bewußt sein und vor denen er gewarnt sein sollte.

Motivation oder Manipulation

Eines Tages, als ich einer Freundin erklärte, wie man durch Ermutigung andere motivieren kann, hörte sie erst aufmerksam zu und fragte dann: »Ist das nun Motivation oder Manipulation?«

Ihre Frage kam für mich überraschend. Mir war nämlich noch nie der Gedanke gekommen, daß Ermutigung auch zum Zwecke der Manipulation eingesetzt werden *kann*. Als ich jedoch darüber nachdachte, mußte ich zugeben, daß Ermutigung als Form der Manipulation mißbraucht werden kann. Obwohl wir vielleicht niemals jemanden bewußt aus egoistischen Motiven ermutigen, sollte uns klar sein, daß Ermutigung falsch, böse und sündhaft wird, wenn sie zum falschen Zweck eingesetzt wird. Im folgenden ein paar Beispiele, wie man Ermutigung mißbrauchen kann, um zu manipulieren.

Nehmen wir an, Sie bitten Ihre Tochter, ein paar Bleche Plätzchen zu backen, weil Sie überraschend am nächsten Tag Besuch bekommen. Sie wissen genau, daß sie auf Lob nicht nur reagiert, sondern schneller reagiert. Wenn Sie also ganz nebenbei bemerken, daß sie die besten Schokoladenkekse backt, die Sie je gegessen haben, dann benutzen Sie Ermutigung zum Zwecke der Manipulation.

Oder Sie leiten vielleicht das Organisationsteam für den Gemeindebasar und brauchen noch eine Mitarbeiterin. Sie rufen Dorothy an, die aber eher zögerlich reagiert. »Ach, ich weiß gar nicht so recht, ob ich in diesem Jahr wieder mitmachen soll«, antwortet sie mit müder Stimme.

Sie geraten in Panik. Sie brauchen sie unbedingt und sagen: »Ach Dorothy, du bist die treueste und zuverlässigste Mitarbeiterin, die ich habe. Ich wollte dich so gerne an der Kasse haben, weil du so freundlich bist und jedem das Gefühl gibst, willkommen zu sein. Ohne dich wird es nicht so gut werden wie sonst immer.«

»Wirklich? So wichtig bin ich? Na ja, also gut, es wird

mich nicht umbringen, wenn ich dieses Jahr noch mitmache.«

Geschafft. Die ahnungslose Dorothy ist manipuliert worden. Sie ist Ihnen auf den Leim gegangen und hat sich mit etwas einverstanden erklärt, das vielleicht gar nicht so gut für sie ist. Wenn Sie jemanden ermutigen, um damit eigene Ziele zu erreichen – ohne viel Rücksicht darauf, was für den anderen gut und richtig ist –, dann manipulieren Sie. Und wenn die betreffende Person das merkt, dann wird sie Sie wegen Ihres Herumtaktierens ablehnen und Ihnen möglicherweise nie wieder vertrauen können.

Wenn Sie unsicher sind und andere nur deshalb ermutigen, weil Sie geliebt und als toller Mensch betrachtet werden wollen, dann manipulieren Sie, um Ihren eigenen Ruf aufzupolieren.

Damit will ich nun nicht sagen, daß Sie sich bei jedem Impuls, einen anderen Menschen zu ermutigen, hinsetzen und erst einmal Ihre Motive analysieren sollen, möglicherweise so lange, bis von Ihrem Enthusiasmus nichts mehr übrig ist. Achten Sie nur einfach darauf, daß Sie andere Menschen um ihrer selbst willen aufbauen und nicht aus Eigennutz.

Sich vor dem Image des Supermenschen hüten

Je mehr bekannt wird, daß Sie andere ermutigen, desto mehr Menschen werden den Eindruck haben, Sie wären eine Art Wunder, ein Fels in der Brandung, ständig in irgendwelchen göttlichen Sphären schwebend. Man hält Sie möglicherweise irgendwann für einen Menschen, der nie selbst Hilfe braucht.

Mutmacher wirken auf andere oft einschüchternd, weil sie ständig auf andere Menschen zugehen und dadurch auch unweigerlich selbstsicherer werden (je mehr man es praktiziert, desto geschickter und erfahrener wird man darin).

Dieses Image eines Supermenschen vermittelt anderen ein Gefühl der Unzulänglichkeit. Der Mutmacher braucht aber auch Ermutigung. Wenn Menschen, die für ihre Stärke bekannt sind, plötzlich schwach werden, dann stehen sie jedoch oft allein da. Sie können sich nicht an diejenigen wenden, denen sie Mut gemacht haben, denn bei unerfahrenen, unreifen Menschen können Zeichen der Schwäche bei einem sonst furchtlosen Leiter dazu führen, daß die Betreffenden sich eine neue Leitfigur suchen – jemanden, der für sie und an ihrer Stelle stark ist. Der Mutmacher kann nach anderen bekannten Mutmachern Ausschau halten, aber die sind in der Regel hoffnungslos damit überlastet, ihre schwächeren Brüder und Schwestern aufzubauen, so daß gar keine Zeit für ihresgleichen bleibt. Meistens kümmert sich der Herr selbst um die Nöte und Bedürfnisse der Menschen, deren Lebensstil vom Ermutigen geprägt ist.

Wenn Sie allerdings gleich zu Beginn einer Beziehung klarmachen, daß auch Sie manchmal Ermutigung brauchen, dann können Sie vielleicht die schwere Last der Verantwortung vermeiden, die ein Supermensch-Image mit sich bringt.

Als wirkungsvoller Mutmacher werden Sie wahrscheinlich ohnehin auch über Ihr eigenes Bedürfnis nach Ermutigung sprechen, so daß andere wissen: Ihr Interesse beruht nicht auf irgendeiner Form von Frömmigkeit, sondern auf eigenen Erfahrungen mit Schmerz, Leid und Zweifeln. Das kann beim Mutmacher die gute Fähigkeit bewirken, zu erspüren, wann jemand verletzt ist und Hilfe braucht.

Ich muß zugeben, daß ich Menschen gern auf einen Sockel stelle. Wenn mir an einem Menschen viel liegt, dann bin ich nur schwer davon zu überzeugen, daß er kein perfekter, absolut wunderbarer Mensch ist, selbst wenn der Betreffende Mängel und Schwächen selbst eingesteht. Es ist nicht immer leicht, den Sockel, auf den man von anderen gestellt wurde, selbst unter sich wegzustoßen. Die anderen schaffen es immer wieder, ihn zu reparieren oder einen neuen zu errichten, wenn der alte beschädigt worden ist. Aber versuchen Sie es trotzdem. Wenn diese Leute lange genug etwas mit Ihnen zu tun haben, dann werden ihnen die Augen geöffnet.

Sich nicht ausnutzen lassen

Es gibt Menschen, die einen förmlich aussaugen, sobald man auch nur eine Spur von Interesse an ihnen zeigt. Weil Mutmacher sich zur Verfügung stellen und bereit sind, etwas von sich herzugeben, wird auch leicht auf ihnen herumgetrampelt. Kein Mensch hat das Recht, so viel von einem anderen zu fordern und zu nehmen, daß für den Betreffenden selbst und für andere nichts mehr übrig bleibt.

Nehmen Sie sich in acht vor Menschen, die ständig bei Ihnen anrufen, die sich in der Gemeinde an Ihre Fersen heften oder unrealistische Zeitanforderungen an Sie stellen.

Mutmacher sind dünn gesät, und wenn sie ständig überbeansprucht werden, dann ist das all denen gegenüber unfair, die ebenfalls auf die Hilfe dieser Menschen angewiesen sind.

Lassen Sie sich nicht durch den Gedanken unter Druck setzen, daß Sie für jede Not und jedes Bedürfnis, das Ihnen begegnet, zuständig sind.

In Gottes Reich gibt es viele Arbeiter, die er für ihren jeweiligen Auftrag mit entsprechendem Werkzeug ausrüstet. Obwohl jeder Arbeiter im Reich Gottes ein Mutmacher sein soll, sind manche für bestimmte Menschen oder Situationen besser ausgerüstet als andere.

Wenn Sie merken, daß Sie in einer Beziehung stecken, in der die andere Person zu häufig alles Ihnen überläßt und mehr fordert, als Sie geben können, treten Sie einen

Schritt zurück und fragen Sie den Herrn, was genau Sie diesem Menschen geben sollen. Vielleicht ist es viel weniger, als gerade von Ihnen gefordert wird.

Lernen Sie es, ohne Schuldgefühle nein zu sagen. Manche Menschen müssen einfach nur erwachsen werden, und ihnen tut man den größten Gefallen und hilft ihnen am besten, wenn man ihnen selbst das Ruder überläßt.

Damit ich nicht falsch verstanden werde: Ich will damit nicht sagen, daß Sie jedesmal erst eine halbe Stunde beten müssen, bevor Sie andere ermutigen. Manche Leute beten lange und ausgiebig über jede nur denkbare Kleinigkeit, z.B. welche Farbe ihre Socken heute haben sollen oder welche Zahnpasta-Marke sie kaufen sollen. Seien Sie hier einfach vorsichtig, aber machen Sie sich auch bewußt, daß bestimmte Menschen uns in die Knie zwingen – entweder, weil es bei ihnen wichtig ist, auf den Herrn zu schauen, oder aber, weil sie einen bis zur äußersten Erschöpfung fordern.

Nicht rührselig werden

Um andere zu ermutigen, soll man möglichst konkret und von Herzen sprechen, und dann den anderen selbst machen lassen. Es besteht keine Notwendigkeit, ihm Honig um den Bart zu schmieren.

Man kann sagen: »Du bist lieb«, mit fester Stimme und einem Tonfall, der einfach nur echt ist. Man kann es aber auch zuckersüß daherflöten.

Ich möchte gern glauben, daß Christen sich nicht gegenseitig lächerlich machen, zumindest nicht nach außen hin, aber hinter den Kulissen wird über einen rührseligen Menschen vielleicht gelacht, auch wenn er nichts anderes will als helfen.

Vielleicht sind Sie auch schon nach dem Motto vorgegangen: »Wenn wenig gut ist, ist viel besser. Wenn schon, dann richtig.« *So nicht.* Wir spielen nicht Theater, und wir sind nicht Figuren in einem Stück.

Entspannen Sie sich. Sentimentalität tötet jedes positive Gefühl ab, das beim Zuhörer vielleicht durch Ihre Worte ausgelöst wurde. Wenn Sie liebevoll ermutigen, dann werden Ihre Gefühle auch deutlich werden, ohne daß Sie sie dramatisieren müssen.

Nichts vom Empfänger erwarten

Mutmacher, die auf Resonanz und Reaktionen der Empfänger aus sind, geraten in eine Falle. Das ist mit Sicherheit eine Versuchung, wenn man erst einmal auf den Geschmack gekommen ist, wie gut der beglückte Gesichtsausdruck bei einem Menschen tut, den man gerade mit Worten aufgebaut hat.

Dazu noch einmal Chuck Swindoll in seinem Buch über das Dienen (S. 157). Er warnt: »Wenn Sie zu den Menschen gehören, die viele Streicheleinheiten brauchen, die Wertschätzung und Lob nötig haben, um weiterzumachen und auch länger durchzuhalten, dann können Sie gleich vergessen, ein Diener zu werden. Häufig wird man Sie einfach übersehen, man wird achtlos an Ihnen vorbeigehen. Sie werden hinter den Kulissen wirken und praktisch anonym bleiben. Ihr Lohn kommt nicht von außen, sondern von innen. Er kommt nicht von Menschen, sondern aus der tiefen inneren Befriedigung, die Gott Ihnen schenkt.«

Was hier über den *Diener* gesagt wird, gilt ganz genauso für *Mutmacher* und *Mutmacherinnen.*

Es ist ein berauschendes Gefühl zu wissen, daß man so positiv Einfluß auf das Leben anderer nimmt – ja daß man sie sogar zur Leistung motivieren kann, dazu, mehr und besser zu sein als je zuvor.

Die positive Reaktion anderer ist eine Belohnung fürs Mutmachen – aber das ist auch alles. Sie ist weder der

Anreiz, noch der Anstoß noch die Motivation zum Ermutigen.

Aus zwei Gründen ist es eine Falle, positive Reaktionen zu erwarten:

1. Es erfolgt nicht unbedingt eine.
2. Statt sich auf die Not oder das Bedürfnis des anderen Menschen zu konzentrieren, warten Sie auf die persönliche Befriedigung durch die Begegnung.

Gewöhnen Sie es sich nicht an, darüber zu spekulieren, was der Empfänger tun oder sagen wird. Viele Menschen müssen erst einmal alles überdenken, bevor sie überhaupt irgendwie reagieren können.

Ermutigen Sie ganz einfach und gehen Sie dann zur Tagesordnung über. Sie haben einem anderen Menschen Ihre Seele und möglicherweise auch das Herz Gottes geöffnet. Was dieser Mensch dann damit macht, entzieht sich Ihrer Kontrolle. Vielleicht wirft er es einfach weg, vielleicht behält er es eine Zeitlang, vielleicht aktiviert er es auch sofort. Was aber auch damit geschehen mag – es liegt nicht mehr in Ihren Händen, also befreien Sie den betreffenden Menschen von Ihren Erwartungen.

Sich nicht dahinter verstecken

Wir können Ermutigung auch als Schutzwall benutzen, hinter dem wir uns verstecken, um zu verhindern, daß andere uns kennenlernen oder auf uns zugehen und uns in unserer Not helfen. Wenn andere uns zu nah kommen, dann können wir ihnen einen Brocken Ermutigung hinwerfen, nach dem sie (schließlich sind sie ja Menschen) sofort schnappen. Auf diese Weise verhindern wir, daß sie uns näherkommen, ja wir schubsen sie sogar zurück in die Ecke, aus der sie gekommen sind. Entschuldigen Sie bitte den Vergleich, aber genau wie das Stinktier seinen Gestank versprüht, wenn es sein Revier bedroht fühlt, so streuen wir dann Ermutigung aus, um unsere eigenen Interessen zu schützen. Aber so oder so stinkt es.

Melissa ruft beispielsweise Betty an, um sie ganz direkt zu fragen, wie es ihr mit ihrer Diät geht. Betty gerät in Panik: »Ach, ganz gut«, antwortet sie scheinbar lässig, wobei ihr völlig bewußt ist: Wenn das Gespräch diese Richtung behält, muß sie eingestehen, daß sie in der vergangenen Woche ein Kilo zugenommen hat. Also leitet Betty das Gespräch um: »Ich habe genau bemerkt, Melissa, daß du abgenommen hast. Du sahst gestern ganz toll aus in dem Hosenanzug. Du paßt doch bestimmt schon in Größe 38, oder?«

»Vielen Dank. Ich habe es endlich mal geschafft eine Diät durchzuhalten, und was den neuen Hosenanzug angeht, mein Mann . . .«

Geschafft – fürs erste ist Bettys kleines Geheimnis in Sicherheit.

Ein weiteres Beispiel dafür, wie man sich hinter Ermutigung verstecken kann, sind Bill und Colleen, ein frischgebackenes Ehepaar. Eines Abends sitzen sie beim Abendessen. Colleen macht sich Sorgen, weil Bill sich von ihr zu distanzieren scheint. Sie beschließt, ihn darauf anzusprechen.

»Bill, ist alles in Ordnung? Du bist so still in letzter Zeit. Du bist es doch hoffentlich noch nicht leid, verheiratet zu sein, oder?«

Bill ist sich im Augenblick gar nicht so sicher, was er von Colleen und der Ehe halten soll. Er ist ihre hartnäckigen Forderungen leid, die sie an ihn stellt, wenn er abends von der Arbeit nach Hause kommt. Er möchte ganz einfach mal in Ruhe gelassen werden und sich entspannen. Statt die Chance wahrzunehmen und seiner Frau dieses Bedürfnis sanft und in aller Ruhe mitzuteilen, benutzt er ermutigende Worte, um sie abzulenken.

»Ich bin einfach müde. Was mir an unserer Ehe ganz besonders gefällt, ist deine Kochkunst. Du kochst immer besser. Diese Hacksteaks sind einfach klasse. Sogar noch besser als die von meiner Mutter.«

»Wirklich, Bill?«

»Ja, echt!«

Ende des Gesprächs. Bill bleibt es erspart, sich mit einem sehr realen Problem auseinanderzusetzen, das sich schon bald zu einem sehr ernsten Thema auswachsen kann, und Colleen ist zunächst mit einem geheuchelten Lob zufriedengestellt, das an anderer Stelle sicher sehr kostbar gewesen wäre. Mißbrauchen Sie Ermutigung nicht als Lückenbüßer. Sie ist zu kostbar, als daß man sie für ein solches Versteckspiel vergeuden sollte.

Formeln und Patentrezepte vermeiden

»Senfkorn-Glaube«, »Inanspruchnahme« – Schlagwörter wie diese werden von so vielen Christen vollmundig propagiert und endlos wiederholt, daß es mich nicht wundern würde, wenn Gott schon beim Zuhören gähnte.

Aber es ist doch logisch anzunehmen, daß etwas immer und immer wieder funktioniert, wenn es irgendwann einmal funktioniert hat, oder?

Leider ist es aber nicht so einfach. Wie heißt doch die alte Weisheit? Wenn wir meinen, wir kennen alle Antworten, dann ändern sich die Fragen. Dadurch bleibt unser Leben interessant. Und dadurch bleibt Gott auch auf seinem Thron. Wenn wir alles berechnen könnten, dann bräuchten wir Gott nicht mehr.

Formeln und Patentrezepte sind so bequem. Wenn man A tut, passiert B. Ich kenne Menschen, die hat Gott vom Krebs geheilt. Aber ich kenne auch Menschen, die an dieser Krankheit gestorben sind. Redner stehen vor uns und sondern Schlagwörter und Rezepte und Formeln über Glauben und körperliche Heilung ab, ohne auch nur die Möglichkeit zu erwähnen, daß trotz all unseres Schreiens und Tretens gegen den Widersacher und trotz all unseres eifrigen Gebets immer noch Gott allein souverän ist und genau das tut, was ihm gefällt. Ich möchte nicht diejenige sein, die die schöne Seifenblase zum Platzen bringt, aber wo ist das Utopia, das sie so vereinfacht als Antwort auf alle unsere Probleme beschreiben? Wo ist dieses wunderschöne Paradies, in dem Gott nur das Zaubergenie ist, das den Gang einlegt, wenn wir unsere Formeln aktivieren? Wo ist dieser Ort, an dem ich alles haben kann, was mein Herz begehrt, solange die geistliche Gleichung stimmt?

Elisa sagte dem leprakranken Naaman, dem Feldhauptmann des Königs von Aram, er solle siebenmal im Jordan baden. Naaman gehorchte und Gott heilte ihn (2. Könige 5,1–14). War von da an siebenmaliges Baden im Jordan das sichere Rezept mit Heilungsgarantie gegen Lepra?

Was ist mit der Aussage: »Und Jesus streckte die Hand aus und rührte ihn an und sprach: Ich will's tun, sei rein! Und sogleich wich der Aussatz von ihm« (Lukas 5,13)?

Hüten Sie sich vor Formeln und Rezepten, wenn Sie anderen Menschen Mut machen wollen! Lassen Sie sich von Gott leiten.

Ermutigung nicht als Werkzeug zur Evangelisation mißbrauchen

Manche Menschen gehen auf andere zu und ermutigen sie, um sie zu bekehren. Sie geben den Hungrigen zu essen, geben den Armen und helfen denen mit gebrochenem Herzen – und zwar alles aus einem einzigen Grund: um sie zur Umkehr zu bewegen. Wenn diese Reaktion ausbleibt, schütteln sie den Staub aus ihren Kleidern und gehen zum nächsten Anwärter weiter. Ganz sicher soll man anderen von Jesus weitersagen. Die Liebe treibt uns dazu, auf andere zuzugehen, ihnen all das Beste zu wünschen, was Gott für sie bereithält – und das beste, was Gott für uns bereithält, ist Jesus Christus.

Aber benutzen Sie Ermutigung nicht, um sie dazu zu bringen, auf Gott zuzugehen. Das ist nichts anderes als eine unterschwellige Art der Manipulation. Vorsicht!

Mit Scheitern und Versagen umgehen

Versagen kann ein sehr realer Stolperstein für Menschen sein, deren Lebensstil das Mutmachen ist. »Wenn du etwas tust, dann mach es ganz oder gar nicht.« Das sollte unsere Grundhaltung sein. Wenn man diese Haltung unter Kontrolle behält, so bringt sie das Beste in uns hervor.

Aber wir müssen auch realistisch bleiben. Manchmal werden wir einfach scheitern in unseren Bemühungen und Versuchen, anderen Mut zu machen. Vielleicht sagen wir etwas Dummes. Vielleicht gehen wir weiter, wenn es eigentlich Zeit wäre, stehenzubleiben. Vielleicht freuen wir uns, wenn es eigentlich Zeit wäre zu trauern. Kurz – wir werden immer Fehler machen.

Warum es dann erst versuchen? Weil jedesmal, wenn wir fallen und wieder aufstehen, eine Schlacht gewonnen ist. Manche Krieger müssen etliche Schlachten durchleiden, bevor der Krieg gewonnen ist.

Denken Sie daran, daß Sie als Mutmacher auf der Seite der Sieger stehen. Kritik reißt ein, aber Ermutigung baut auf. Kritik tötet den Geist. Ermutigung heilt gebrochene Herzen. Kritik besiegt. Ermutigung rüstet aus für den Sieg.

Hier zwei Grundsätze für den Umgang mit Scheitern und Versagen (sowohl dem eigenen als auch mit dem anderer):

- Finden Sie heraus, ob es sich wirklich um Versagen handelt. Was wie Scheitern aussieht, ist es vielleicht in Wirklichkeit gar nicht.

– Wenn Sie ohne jeden Zweifel sicher sind, versagt zu haben, dann machen Sie gut, was wiedergutzumachen ist, und gehen Sie weiter. Wir wissen doch, daß Gott auch noch aus den schlimmsten Situationen etwas Gutes machen kann. Auf unserem Versagen herumzureiten und wiederholte Versuche, etwas wiedergutzumachen, rauben uns nur die Kraft, die wir eigentlich brauchen, um Menschen zu ermutigen.

Das ist in Ordnung. Je mehr wir lernen, die Nöte und Bedürfnisse anderer zu erkennen, und je sicherer wir uns unserer Fähigkeiten sind, auf diese Nöte und Bedürfnisse einzugehen, desto seltener werden wir scheitern.

Damit ich Sie jetzt nicht unwiderruflich abschrecke, höre ich an dieser Stelle auf, Sie vor den Gefahren des Ermutigens zu warnen. Denken Sie daran, daß man kaum über die genannten Hindernisse stolpert, wenn man mit offenen Augen durchs Leben geht. Die Hauptschuldigen sind Bequemlichkeit und Ignoranz. Sie wissen jetzt, worauf zu achten ist, bleiben Sie also wachsam, und denken Sie daran, daß Jesus bei Ihnen ist. So können Sie die beschriebenen Fallen meiden.

8. Der Lohn

Das Mutmachen an sich bringt bereits große Befriedigung mit sich. Es ist angenehm zu wissen, daß andere positiv über einen denken, weil man etwas Bestimmtes gesagt oder getan hat. Aber vielleicht sind Sie sich anderer positiver Begleiterscheinungen des Mutmachens gar nicht bewußt. Sie sind alle Extras, nichts, wonach wir beim Mutmachen und bei allem, was wir für andere tun, streben sollten. Diese Extras ergeben sich ganz einfach und unerwartet hin und wieder; wenn wir sie bekommen, sind wir angenehm überrascht.

Wenn Sie andere aus den richtigen Motiven ermutigen – weil Sie sich wirklich und ehrlich kümmern und sorgen, und weil Sie möchten, daß diese Menschen so werden, wie Gott sie sich gedacht hat – dann kann es für Sie keinen größeren Segen geben, als zu beobachten, wie sich die betreffenden Personen vor Ihren Augen weiterentwickeln. Im folgenden sollen ein paar Bonuspunkte aufgezählt werden, die Sie als Mutmacher bekommen.

Rückmeldung

»Und die Apostel kamen bei Jesus zusammen und verkündeten ihm alles, was sie getan und gelehrt hatten« (Markus 6,30).

Wenn jemand mich aufgebaut und ermutigt hat und positive Folgen für mein Leben erkennbar sind, versuche ich das dem Menschen weiterzugeben, der mir Mut gemacht hat. Mutmacher müssen wissen, daß sie ihre Sache gut gemacht haben.

Schon oft haben Leute mir gesagt, wie sehr sie einen bestimmten Menschen schätzen und achten, weil er sie ermutigt hat, so daß es konkrete Auswirkungen auf ihr Leben hatte. »Und hast du denn ihm oder ihr auch mitgeteilt, was passiert ist?« frage ich dann.

Ein erstaunter Blick. »Nein, aber das sollte ich wahrscheinlich tun.«

»Ja ganz bestimmt solltest du das, und zwar möglichst sofort.«

Wenn Sie beschließen, ein(e) Mutmacher/in zu werden (und dabei handelt es sich um einen Entschluß, den Sie genau überdenken sollten, bevor Sie sich an ein so gewaltiges Unterfangen wagen), dann werden Sie an bestimmten Punkten dieses Wagnisses Rückmeldung bekommen.

Kürzlich hielt ich bei einer Frauengruppe ein Referat über »Mutmachen«, und wie meistens wurden die Anwesenden während des Referates ermutigt. Ich hatte noch nie eine Gruppe erlebt, die so positiv darauf reagierte wie diese. Es ist nicht übertrieben, daß mindestens Dreiviertel der Gruppe nach der Veranstaltung auf mich zukam und sich für meine ermutigenden Worte bedankte. Noch mindestens eine Stunde nach meinem Referat war es mir unmöglich, aus dem Saal zu kommen. Und es war gar nicht in erster Linie das Gesagte, was die Anwesenden so sehr bewegte. Die Frauen hatten Ermutigung dringend nötig gehabt, und eben darauf reagierten sie so stark. Und ich wiederum wurde durch ihre positive Reaktion aufgebaut.

Ich kenne eine Frau, die nach jeder Bibelstunde, die sie hält, und nach jedem Referat um schriftliche Rückmeldung bittet, sei es bei einer Freizeit oder auf einem Seminar. Dadurch zeigt sie zum einen, wie ein Lebensstil des Mutmachens konkret aussieht, und gleichzeitig bekommt sie die Rückmeldung, die sie braucht. Ich persönlich finde, daß eine ermutigende Aussage etwas verliert, wenn man erst darum bitten muß, aber die besagte Vorgehensweise ist eine Möglichkeit zu zeigen, wie man andere ermutigen kann.

Wenn man etwas sagt, das im anderen etwas berührt, dann gibt es immer eine Gegenreaktion, die Belohnung stellt sich dann ein, wenn der andere einem seine Reaktion unmittelbar und persönlich mitteilt. Wenn andere berichten, welche konkreten, positiven Veränderungen sich aufgrund Ihrer Ermutigung in ihrem Leben ereignet haben, dann ist das ein erhebendes Gefühl. Es ist begeisternd zu erleben, daß man selbst eine Rolle dabei spielen kann, wenn sich im Leben eines anderen etwas positiv verändert. Außerdem bringt es Befriedigung mit sich zu wissen, daß man das Gebot Gottes, »einander zu ermutigen«, befolgt hat.

Befriedigung durch Gehorsam

Wir können unseren Weg als Christen keinesfalls daran messen, was wir für Gott tun oder nicht tun. Worauf es ankommt, ist unser innerer Mensch. Deshalb ist es auch so spannend, andere zu ermutigen. Wir gehorchen dann nicht nur Gott, sondern gleichzeitig verändern wir uns auch selbst dabei. Immer, wenn wir das Gute im anderen suchen und es entdecken, denken wir weniger an uns selbst und an unsere persönlichen Nöte und Bedürfnisse. Das tut uns gut. Wir lassen uns nicht von unsern eigenen Problemen gefangennehmen und konzentrieren uns gleichzeitig auch noch auf andere Menschen.

Wenn wir vor Gott kommen, dann verstehen wir, daß er nie etwas von uns verlangt, was wir nicht tun können. Er ist der große Befähiger. Wenn wir seine Stimme hören und merken, daß wir in eine bestimmte Richtung gehen sollen, dann gibt er uns auch die nötigen Mittel, um diese Aufgabe zu erfüllen – vorausgesetzt, wir bleiben stehen und zappeln nicht herum, um uns irgendwie herauszuwinden.

Den meisten Kindern gefällt es, ihren Eltern zu gehorchen, auch wenn sie noch so sehr motzen und meckern. So unangenehm die Aufgabe auch sein mag, es bringt eine gewisse Befriedigung, einem Menschen zu gefallen, der Autorität über einen hat.

». . . wer Gerechtigkeit sät, hat sicheren Lohn« (Sprüche 11,18). Immer wenn man jemandem Mut macht, sät man Gerechtigkeit, weil man Gott gehorsam ist. Und es gibt dann so etwas wie unmittelbaren Lohn, weil man das getan hat, was Gott einem aufgetragen hatte.

Gegenseitigkeit

Wenn Sie erst einmal zu einem Mutmacher geworden sind, dann ergibt es sich in der Regel ganz automatisch, daß Sie von den Menschen in Ihrem Umfeld ebenfalls aufgebaut werden, wenn es nötig ist. Wir lernen durch Vorbilder. Wenn Sie anderen Mut machen, unterrichten Sie den Empfänger Ihrer Ermutigung wiederum, wie er andere aufbauen kann.

Ich habe über eine Reihe von Jahren bestimmte Bibellehrer beobachtet. Diejenigen, zu deren Lebensstil Ermutigung gehört, haben mit Sicherheit ihren Schülern beigebracht, sich ebenso zu verhalten. Ich glaube, daß das Prinzip des Säens und Erntens beim Mutmachen wirkt.

Als freie Autorin unterrichte ich auch im Schreiben und versuche, neue Autoren in diesem Beruf zu etablieren. Auf jedem Gebiet, das Neuland ist, müssen sich Anfänger erst einmal zurechtfinden. Die besagten Autoren sind dabei keine Ausnahme. Es ist das »Drei-Schritte-vorwärts-und-zwei-zurück-Syndrom«. Diese Leute brauchen auf ihrem Weg unendlich viel Ermutigung.

In einer Unterrichtsstunde war ich einmal selbst drauf und dran, das ganze Geschäft mit der Schreiberei an den Nagel zu hängen. Ich kenne keinen einzigen Autor, der nicht hin und wieder damit droht, alles hinzuschmeißen – die ganze entmutigende Sache mit der Schreibhemmung und den Ablehnungsbescheiden von Verlagen einfach hinter sich zu lassen.

Damals war ich selber so frustriert, daß ich meinen

Schülern ein Geständnis machte, das ich normalerweise nicht mache. Ich stöhnte und jammerte eine Weile, bis plötzlich eine meiner Studentinnen sagte: »Was glauben Sie eigentlich, wer Sie sind, so einfach aufzugeben! Sehen Sie sich doch einmal an, wie weit Sie es schon gebracht haben. Wir kämpfen, um überhaupt einen Anfang machen zu können, und Sie stellen sich hin und erzählen uns, daß Sie genau das aufgeben wollen, wofür wir alle hier so hart kämpfen. Das ist doch nicht zu fassen!«

Sie sah mich richtig angewidert an, so daß ich auf meinem Stuhl immer kleiner wurde und mich wie der letzte undankbare Schuft fühlte. (Noch eine Person, die mit einem Tritt in den Hintern ermutigt – genau was ich brauche.)

Und genau das haben wir davon, wenn wir anderen Mut machen. Es fällt mit voller Wucht auf uns zurück. Wenn wir andere wieder aufrichten, werden wir auch selber aufgerichtet.

Nicht lange nach diesem Vorfall verkaufte ich mein erstes Buchmanuskript. Seitdem habe ich nicht mehr ans Aufgeben gedacht. Aber wenn mich die besagte Studentin nicht auf ihre Weise ermutigt hätte, dann hätte ich vielleicht alles hingeworfen.

Jesus betete, und indem er das tat, lehrte er seine Jünger beten. Jesus heilte, und seine Jünger lernten zu heilen. Jesus predigte, und seine Jünger predigten. Und wenn wir unsere »Jünger« ermutigen, werden auch sie wiederum anderen Mut machen.

Liebenswerte Eigenschaften

Die Mutmacher und Mutmacherinnen, die ich kenne, werden nicht nur von ein paar wenigen, sondern von vielen Menschen geliebt. Andere Menschen sind gerne mit ihnen zusammen.

Mutmacher haben oft noch andere liebenswerte Wesenszüge, derentwegen sich die Menschen aus ihrer Umgebung zu ihnen hingezogen fühlen.

Möglicherweise entwickeln sich durchs Ermutigen bei den anderen Eigenschaften wie Freundlichkeit, Selbstlosigkeit, Selbstbewußtsein und Optimismus. Ein Mutmacher zu sein bedeutet, sich für immer weg von sich selbst und auf andere zuzubewegen. Wie könnte man auch ständig auf andere zugehen und dabei egoistisch und übellaunig bleiben?

Die Menschen von heute haben es so dringend nötig, sich aufrichten zu lassen, daß sie in Scharen zu jedem strömen, der dabei Unterstützung bietet. Und der Mutmacher gibt gern, was sie brauchen. Dabei geht es nicht darum, Freunde zu gewinnen und Einfluß auf Menschen zu nehmen; wenn man möglichst viele Menschen ermutigen will, dann ist es mit Sicherheit von Vorteil, für andere anziehend zu sein.

Es bringt aber auch viel Verantwortung mit sich. Vielleicht empfinden Sie es als sehr schwer, die Menschen mitzutragen, die bei Ihnen Ermutigung suchen. Vielleicht kommt Ihnen auch irgendwann der Gedanke, Sie müßten ständig abrufbereit sein, nur für den Fall, daß jemand Sie vielleicht braucht. Wenn die Menschen, die sich von Ihnen aufbauen lassen, aber nie erleben, daß auch Sie hin und wieder mutlos sind, dann erweckt das vielleicht den Eindruck, Sie wären ein Supermensch und könnten sich gar nicht mit ganzem Herzen auf andere einlassen.

Wenn Sie sich schon immer gefragt haben, was manche Menschen so anziehend für andere macht, dann sehen Sie jetzt ein wenig genauer hin. Ja, manche Menschen werden einfach mit einer mitreißenden Persönlichkeit geboren. Aber bei vielen ist es nichts anderes als das Wesen Christi, das durch sie hindurchstrahlt und ihnen Herzlichkeit und Liebenswürdigkeit verleiht.

Vervielfältigung

Wenn wir in unserer unmittelbaren Umgebung andere ermutigen, dann werden auch die Menschen um uns her sich gegenseitig ermutigen. Eine Mutmacherin aus meinem Bekanntenkreis berührt und umarmt andere Menschen sehr oft. Wenn ich jetzt die Menschen aus ihrem Umfeld beobachte, stelle ich fest, daß sie ganz ähnlich Wärme weitergeben. Ebenso funktioniert es aber auch, wenn ein Leiter kalt oder überheblich ist – der Rest der Gruppe verhält sich dann in der Regel genauso.

Es ist gar nichts Ungewöhnliches, wenn ein Mutmacher hört, wie jemand anders seine oder ihre Worte verwendet, wenn er/sie andere ermutigt. Wenn Sie die schlechte Angewohnheit haben, ständig andere zu kritisieren, dann werden Sie grenzenlose Scham empfinden, wenn Sie Ihre eigenen kritischen Worte aus dem Munde anderer wieder hören. Oft erkennen aber solche »Kritisierer« ihre eigenen Worte bei anderen gar nicht wieder. Sie merken selbst nicht, wie sie reden und wirken. Wahrscheinlich würden sie sich sonst schleunigst ändern.

Wenn Sie andere ermutigen, dann säen Sie eine positive Saat im Leben anderer – eine Saat, die schließlich, zumindest in den meisten Fällen, aufgeht und blüht und einen Duft verströmt, der das Leben von viel mehr Menschen berührt, als man sich vorstellen kann. Wenn Sie regelmäßig mit bestimmten Menschen zusammen sind, dann wird das, was in Ihnen ist, auch ein Teil der anderen, und sie wiederum geben es wieder weiter.

Genau wie sich ein Wasserstrudel von einem inneren Punkt aus bewegt und kleine Wellen um sich herum verursacht, so hat man als Mutmacher auch Wirkung auf die Menschen in seiner Umgebung. Jedesmal, wenn Sie einen Menschen ermutigen, bringen Sie eine neue Welle hervor. Und wenn die betreffende Person dann wiederum andere Menschen in ihrem Umfeld ermutigt, dann kommt noch eine Welle hinzu – bis ein machtvoller Strudel von starken positiven Impulsen entsteht. Was für ein Lohn zu wissen, daß man einen so starken Einfluß zum Guten haben und so positives Handeln in seiner kleinen Ecke der Welt hervorbringen kann!

Umfassende Weiterentwicklung

Je mehr Sie andere ermutigen, desto reifer werden Sie innerlich. Sie entwickeln sich zwangsläufig weiter, wenn Sie über den eigenen Tellerrand schauen und auf andere zugehen.

Ein Beispiel: Es geht Ihnen seelisch schlecht, aber jemand anders braucht Sie. Wenn Sie Ihren eigenen Schmerz erst einmal beiseite lassen und einem anderen Menschen Mut machen, dann wachsen Sie innerlich. Immer, wenn wir uns selbst verleugnen, wachsen wir. Ich weiß, daß ich meine eigenen Angelegenheiten schnell erledigen muß, weil andere Hilfe von mir erwarten. Das hat zur Folge, daß ich Krisen sehr viel schneller bewältige als sonst. Vielleicht würde ich noch eine ganze Weile im Selbstmitleid baden, wenn ich wüßte, daß niemand auf mich wartet oder sich auf mich verläßt.

Wachstum stellt sich dann ein, wenn man lernt, anderen Menschen gegenüber seine Gefühle auszudrücken, indem man sie ermutigt. Manchen fällt das gar nicht schwer. Für andere kann das ein mit viel Überwindung verbundener Riesenschritt sein.

Die Entwicklung dauert an, wenn man es lernt, sich auch langfristig auf andere Menschen einzulassen und für sie da zu sein. Auch über einen längeren Zeitraum andere zu ermutigen, erfordert Geduld und Beharrlichkeit, und mir persönlich fällt das nicht gerade leicht. Zumindest sind beides keine natürlichen Gaben von mir. Wie steht es damit bei Ihnen?

Wir ermutigen uns gegenseitig, und dabei entwickeln wir uns beide weiter. Wir sitzen dabei in einem Boot. Wenn der andere sich zur Verfügung stellt und bereit ist, dann ermutige ich ihn. Wenn er sich vor mir versteckt, kann ich ihm nicht helfen. Wir sollten uns nicht gegenseitig die Entwicklung vorenthalten, die Gott für uns vorgesehen hat, wenn wir mit dem Leben eines anderen in Berührung kommen. Man erfährt immer dann Wachstum, wenn man andere ermutigt, wenn die anderen sich selbst verletzlich machen können und sich aufbauen lassen.

Andere wachsen sehen

Zu beobachten, wie Menschen, die wir ermutigen, sich entwickeln, kann für uns Mutmacher der Hauptpreis und die größte Belohnung sein. Nichts reicht an die Befriedigung und Erfüllung heran, die wir erleben, wenn wir als Folge unserer Ermutigung in Wort und Tat positive Veränderungen bei anderen Menschen feststellen.

In der Zeit, als ich Bibelkreise leitete, durfte ich das sehr oft miterleben. Ich bearbeitete ein bestimmtes Thema, wir sprachen gemeinsam darüber, und in der folgenden Woche berichteten die Frauen, was sie beim Anwenden der besprochenen Grundsätze erlebt hatten. Die größte Belohnung eines Lehrers besteht darin, daß diejenigen, die »hören«, das Erlernte wirklich in ihrem Leben umsetzen und anwenden und dann wiederum für andere zu Lehrern werden. Dasselbe gilt auch für Mutmacher, die ja in gewisser Weise auch Lehrer sind. Ihr größter Lohn besteht darin, daß diejenigen, denen sie Mut gemacht haben, wiederum Mutmacher werden.

Mutmachen ist etwas sehr Wertvolles, für den Geber wie für den Empfänger. Und wer sich für das Ermutigen als Lebensstil entscheidet, den erwartet großer Lohn.

Stellen Sie sich vor, Sie lesen in der Zeitung eine Anzeige, in der jemand eine Belohnung von hundert Dollar für denjenigen aussetzt, der ihm seine verlorene Brieftasche wiederbringt. Stellen Sie sich weiter vor, Sie haben diese Brieftasche gefunden. Sie würden doch den Finderlohn gern annehmen, oder? Natürlich würden Sie das. Genausogern wollen Sie doch bestimmt den Lohn bekommen, der Sie als Mutmacher erwartet – die ewigen Schätze, die Wachstum und Befriedigung mit sich bringen.

9. Sich selbst Mut machen

David befahl seiner Seele, den Herrn zu preisen. In den Psalmen 103 und 104 sagt er fünfmal: »Lobe den Herrn, meine Seele.« David wußte, wie er sich selbst im Herrn ermutigen konnte. Lob baut den inneren Menschen auf.

Es wäre großartig, wenn wir uns beim Ermutigen aufeinander verlassen könnten. Leider erlebt jeder immer wieder Zeiten, in denen er schrecklich einsam ist, Zeiten, in denen er niemanden hat, der ihm nahe ist, und dann stürzt er emotional ab. Was tut man in dem Fall? Genauso wie man andere aufbaut, kann man auch sich selbst aufbauen. Das ist allerdings gar nicht so einfach, denn wenn man sich mies fühlt, hat man oft kaum die Kraft, sich selbst etwas Gutes zu tun. Es ist aber dennoch möglich. Im folgenden ein paar Vorschläge, die Ihnen hoffentlich helfen, wenn Sie das nächste Mal mutlos sind.

Eine Dankliste erstellen

Es ist gar nicht so einfach, nicht abzuheben, wenn man anfängt, all das Positive im eigenen Leben aufzuzählen.

Nehmen wir nur einmal die Grundbedürfnisse: Essen im Kühlschrank, fließendes Wasser aus dem Hahn, ein warmes Bett für die Nacht und ein Dach über dem Kopf. Wenn ich in der Zeitung lese, wie viele obdachlose und hungrige Menschen es allein in meiner Heimatstadt gibt, dann wird mir klar, daß ich für mein Zuhause und mein tägliches Essen wirklich dankbar sein kann. Freundschaften, Gesundheit, Kinder und eine Arbeitsstelle sind ebenfalls Grund zum Danken. Ganz zu schweigen von Hobbys und Aktivitäten, die einfach Spaß machen, ebenso wie Bücher und gute Musik.

Vielleicht gehören Sie zu den Menschen, bei denen eines dieser genannten Grundbedürfnisse nicht erfüllt ist. Vielleicht haben Sie Ihren Arbeitsplatz verloren oder Freunde haben Sie verlassen. Ihr Schmerz darüber ist sehr real und soll auf keinen Fall unterbewertet werden.

Aber auch in den schlimmsten Situationen findet sich in der Regel die eine oder andere Sache, für die man dankbar sein kann. Und wenn man das bewußt praktiziert, ändert sich nach und nach auch die Perspektive. Selbst wenn die Probleme nicht sofort gelöst sind, hat diese Vorgehensweise den Vorteil, daß man klarer darüber nachdenken kann, wie man im größten Gefühls-Chaos mit Problemen umgehen kann.

Als mein Kühlschrank in der Garage aufgebrochen und Rindfleisch im Wert von 500 DM gestohlen wurde, war ich dankbar dafür, daß die Diebe nicht ins Haus eingebrochen waren, wo wir alle schliefen. Wir können immer etwas finden, wofür wir dankbar sein können, wenn wir nur gründlich genug suchen.

Um jedoch Mißverständnisse auszuräumen: Ich habe viel getobt und gewütet, bis ich dankbar wurde. Und ganz offensichtlich bin ich darin auch noch absolut nicht perfekt.

Paulus schreibt: »Freut euch und seid dankbar in allem« (1. Thessalonicher 5,18) – alles in einem Satz. Dank bewirkt, daß die Freude im Herrn groß wird, selbst unter scheinbar unmöglichen Umständen.

Wenn man aufhört, sich auf die ein, zwei Dinge zu konzentrieren, die im eigenen Leben nicht richtig laufen, und wenn man den Blick auf all das lenkt, was gut und richtig ist, dann ermutigt man sich selbst – und der Heilungsprozeß kann beginnen.

Achtung – gute und schlechte Gesellschaft!

Wenn man mutlos ist, empfiehlt es sich, genau darauf zu achten, in wessen Gesellschaft man sich aufhält. Wenn man ständig mit traurigen oder unglücklichen Leuten zusammen ist, bestärkt man sich nur gegenseitig in seiner Unzufriedenheit. Man redet sehr negativ und bereut es wahrscheinlich später. Weil man nicht in der Lage ist, sich gegenseitig zu helfen, fühlt man sich hinterher schlechter als vorher, denn man hat im Grunde nur negative Aussagen ausgetauscht.

Es ist in einem solchen Zustand allerdings auch nicht von Vorteil, mit Menschen zusammen zu sein, die auf »Wolke sieben« schweben. Wenn einem nach Weinen zumute ist, dann möchte man doch eigentlich, daß die ganze Welt mitweint. Es macht einen wütend, wenn der Rest der Welt lacht.

In meinem Leben gibt es ein paar Menschen, auf die ich mich jederzeit verlassen kann, die einfach da sind und denen ich alles anvertrauen kann. Wenn ich weine, dann weinen sie mit mir; wenn ich lache, dann lachen sie mit mir. Sie sind es, zu denen ich mich hingezogen fühle und zu denen ich gehe, egal, wie meine Stimmung ist.

Ich möchte für schwächere Christen nicht zum Stolperstein werden. Deshalb ziehe ich manchmal den Telefonstecker heraus, wenn ich auf eine ablehnende Art mutlos bin, damit ich nicht bei einem Menschen Schaden anrichte, der durch meine Einstellung leicht beeinflußbar ist. Wie Sie sehen, wirken diese Grundsätze in beiden Richtungen. Wenn man niedergeschlagen ist, ermutigt man sich also am besten selbst, indem man entweder die falsche Gesellschaft meidet oder sich mit den richtigen Leuten umgibt.

Das Ganze im Blick haben

Ich stürze oft ziemlich tief ab, bevor ich mich endlich daran erinnere, daß Gottes Sicht für mich sehr viel weiter und umfassender ist als mein derzeitiger Kummer. Mein Kummer mag zwar riesig erscheinen, aber er ist geradezu winzig im Vergleich zu dem Zweck, zu dem Gott mich berufen hat, wie auch immer der zur Zeit konkret aussehen mag. Gott ist voll unendlicher Weisheit, und er hat große Pläne mit seinen Kindern. Aber es ist nun einmal eine Tatsache, daß Gottes Sicht von unserm Leben umfassend ist, ein Panoramablick, während wir Menschen nur verschwommen wie durch Milchglas sehen.

Was uns groß erscheint, kann für ihn ganz unbedeutend sein und umgekehrt. Der Punkt ist, daß viele Menschen, Christen wie Nichtchristen, leben und sterben, ohne jemals zu erleben, wie sich die Sicht Gottes für ihr Leben erfüllt. Und das ist so, weil wir uns von unseren Sorgen verzehren lassen. »Vielfältig ist das Unglück des Gerechten, aber aus dem allen errettet ihn der Herr« (Psalm 34,20; Elberfelder Bibel). Gott kümmert sich um unsere Probleme, wenn wir nur über sie hinausblicken können. Weil wir immer Probleme haben werden, liegt es bei uns, ob wir uns von ihnen aufreiben lassen oder nicht. Wenn wir uns beständig auf den Plan des Meisters konzentrieren können, und wenn wir ihm die kräftezehrende Beunruhigung über den Plan anvertrauen, dann werden wir erleben, wie unsere Träume und Wünsche wahr werden. Außerhalb der Mauern unseres komplizierten und bisweilen neurotischen Lebens gibt es eine Welt ohne Hoffnung, die uns braucht.

Treten Sie aus den eigenen Begrenzungen heraus, die Sie gefangen halten, und werfen Sie einen Blick auf das größere Bild.

Die Ewigkeit im Blick haben

»Das geht vorbei«, ist der Lieblingsspruch vieler Leute. Und normalerweise ist das ja auch der Fall. Wenn wir einmal die Ursachen unserer Mutlosigkeit aufzählen und sie gegen das aufwiegen, was von ewiger Bedeutung ist, dann erkennen wir, daß weniger Dinge von entscheidender Bedeutung sind, als wir ursprünglich angenommen hatten. Was macht es denn eigentlich, daß Ihre Waschmaschine den Geist aufgegeben hat und der Mann vom Kundendienst erst nächste Woche kommen kann?

Was macht es eigentlich, daß Ihr Sohn sich den Finger gebrochen hat und für den Rest der Saison nicht Baseball spielen kann? Seine Enttäuschung ist riesig, und er muß damit fertig werden, aber macht es im Licht der Ewigkeit wirklich einen Unterschied?

Wenn wir uns ganz klar machen, daß wir ewig leben, dann wird das, was momentan so wichtig erscheint, unbedeutend. Der quälende Schmerz des Augenblicks kann später dazu genutzt werden, jemand anderen zu ermutigen, dem man unterwegs begegnet, und sogar die Ursache unseres Schmerzes ist oft nur von vorübergehender Bedeutung.

Wir Menschen sind in der Regel außerordentlich anpassungsfähig, wenn es wirklich ernst wird. Wir überstehen eine Scheidung, den Tod geliebter Menschen oder auch Mißhandlungen. Und wir überstehen solche Dinge nicht nur, sondern wir stehen danach sogar wieder auf und gehen weiter.

Wenn wir das Leben aus der Perspektive der Ewigkeit betrachten, dann zählt nichts außer Gott und den Menschen. Wenn Sie sich selbst ermutigen, dann prüfen Sie genau die Ursache für Ihre Mutlosigkeit und fragen Sie sich, welche Bedeutung sie in Hinsicht auf die Ewigkeit hat. Jesus hat gesagt, daß wir Schätze im Himmel anhäufen sollen – der morgige Tag wird für sich selber sorgen (Matthäus 6,20.34).

Etwas Lohnendes tun

Ermutigen Sie sich selbst, indem Sie etwas Lohnendes tun. Das kann bedeuten, den Rasen zu mähen oder eine ganz besonders aufwendige Nachspeise zuzubereiten, oder was auch immer *Sie* persönlich für lohnend halten. Für mich ist Gartenarbeit immer etwas sehr Erfüllendes, weil mein Terminkalender mir nicht so oft Gelegenheit bietet, im Freien zu sein, wie ich gern möchte. Folglich macht es einen großen Unterschied, sowohl für das Äußere meines Zuhauses als auch für mein Innenleben, wenn ich es tue. Wenn man niedergeschlagen ist, ist es immer erstaunlich, was ein bißchen körperliche Betätigung bewirken kann.

Bei anderen tritt diese Wirkung vielleicht ein, wenn sie ein Bild malen oder Golf spielen. Ich praktiziere als tägliches Fitneßtraining Seilspringen, und selbst die schlimmsten Situationen sehen nicht mehr so schlimm aus, wenn ich mein Seilprogramm erledigt habe.

Etwas Lohnendes für andere zu tun, kann einen auch von den eigenen Problemen ablenken. In seinem Buch »How to be a People-Helper« (»Wie man ein Helfer wird«, Santa Ana 1976) erklärt der Psychologieprofessor Gary Collins das so: »Manchmal ist Aktivität die beste Therapie. Die Anonymen Alkoholiker haben das bereits vor vielen Jahren festgestellt und ein erfolgreiches Rehabilitationsprogramm entwickelt, in dem Menschen mit einem Alkoholproblem sich gegenseitig helfen.

Manche Menschen leben mit dem Goldrausch-Syndrom. Zur Zeit des großen Goldrausches in Amerika wagte kein Schürfer, anzuhalten und einem anderen Mann in Not zu helfen, denn das hätte Zeitverlust bedeutet. Dadurch hätte jemand anderes, vielleicht gar der Mann, dem er geholfen hätte, ihn ausgestochen und den besseren Claim ergattert. Die Folge war eine hochgradig individualistische, egoistische Existenz. Wie die Männer, die achtlos am verwundeten Reisenden vorbeigingen, bevor der barmherzige Samariter des Weges kam, hasten wir durchs Leben, eingesperrt in unsere eigenen kleinen Welten, und tragen vielleicht unsere eigenen Lasten ganz allein. Wir verfolgen unsere eigenen Ziele und merken dabei gar nicht, daß es für uns denselben großen therapeutischen Wert hat, anderen zu helfen. Das ist zwar nicht die einzige Lösung für unsere Probleme, aber wenn wir jemandem helfen, dann profitieren wir oft selbst am meisten davon.«

Etwas zu tun, wenn wir mutlos sind, lenkt uns nicht nur von unseren eigenen Problemen ab, sondern wir fühlen uns automatisch besser, weil wir etwas von Wert zustande gebracht haben.

Sich selbst zum Handeln zu motivieren, ist dabei allerdings das Schwierigste. Wenn Ihre Aktivität Ähnlichkeit mit Arbeit hat, versprechen Sie sich selbst eine Belohnung, wenn diese Arbeit erledigt ist. Zum Beispiel, sich später hinzusetzen und ohne schlechtes Gewissen ein Buch zu lesen. Oft bin ich dann so beschäftigt mit meinem Projekt, daß ich vergesse, aufzuhören und mich zu belohnen. Das Gefühl der Befriedigung über eine erledigte Aufgabe ist Belohnung genug. Wenn Ihnen nicht danach ist, ein Projekt in Angriff zu nehmen, dann machen Sie wenigstens einen Schritt in die Richtung. Normalerweise folgt die Motivation dann von selbst.

Sich selbst Zeit zugestehen

Wir können uns selbst ermutigen, indem wir lernen, nicht durch emotionale Prozesse hindurchzuhetzen. Wenn wir uns in emotionalen Katastrophen befinden, wie beispielsweise in einer Trennung oder Trauer, dann sollten wir dem damit verbundenen gefühlsmäßigen Prozeß seinen natürlichen Lauf lassen. Wenn wir aber den Prozeß über diesen Punkt hinaus ausdehnen, riskieren wir, daß sich Bitterkeit, Wut oder andere giftige Emotionen entwickeln.

Ich kann mich noch daran erinnern, wie ich einmal zu Bett ging und den Drang verspürte, zum siebenundachtzigsten Mal an diesem Tag zu weinen. Intuitiv wußte ich aber auch, daß ich in eine tiefe Depression fallen würde, wenn ich auch nur noch ein einziges weiteres Mal über diese spezielle Angelegenheit weinen würde. Ich beschloß, nicht zu weinen, und am nächsten Morgen war die schwere Last, die mich bedrückt hatte, verschwunden.

Manchmal, wenn das Leben unerträglich scheint, spiele ich ein kleines Spielchen mit mir. Wenn meine Mutlosigkeit diesen Punkt erreicht hat, bin ich normalerweise völlig durcheinander und habe nichts mehr zu verlieren. Ich weiß, daß mein Leben eigentlich weitergehen muß. Und das ist der Punkt, an dem ich mich hinsetze und fünf Minuten lang leide, aber wirklich *nur* fünf Minuten. Ich schaue auf die Uhr und stürze mich in intensives Selbstmitleid.

»Oh, das tut so weh. Was sie da zu mir gesagt hat, ist wirklich übel. Das Leben ist so ungerecht. Ich hasse mich. Warum passiert so etwas immer ausgerechnet mir? Keiner hat mich lieb . . .« und so weiter bis zum Abwinken. Ich überschreite nie das von mir selbst gesetzte Zeitlimit. Das mag zwar verrückt klingen, aber normalerweise funktioniert es – und ich bin für alles zu haben, was funktioniert, wenn die Depression so viel Kraft frißt.

In der Bibel lesen und darüber still werden

Wir können uns auch selbst ermutigen, indem wir in der Bibel lesen und über dem Gelesenen still werden. Wahrscheinlich bräuchte ich das gar nicht zu erwähnen. Ich möchte damit nur noch einmal in Erinnerung rufen, daß das Wort Gottes ein beruhigendes Gegenmittel gegen Mutlosigkeit ist.

Weil ich persönlich mich mit dem Leiden Davids gut identifizieren kann, sind die Psalmen in meiner Bibel schon ziemlich zerlesen. Eine Warnung allerdings gleich vorweg: Lassen Sie sich von Gott den Teil der Bibel zeigen, der Ihnen in Ihrer ganz persönlichen Situation Trost sein soll. Sonst könnte es dazu führen, daß Sie in eine Zwangslage geraten. Warum? Indem man Verse liest wie beispielsweise: »Da ließ der Herr auf Sodom und Gomorra Schwefel . . . regnen . . . Aber seine Frau sah sich hinter ihm um; da wurde sie zu einer Salzsäule« (1. Mose 19,24.26; Elberfelder Bibel). Oder: »Das Meer kehrte beim Anbruch des Morgens zu seiner Strömung zurück. Und die Ägypter flohen ihm entgegen. Der Herr aber trieb die Ägypter mitten ins Meer . . . es blieb auch nicht einer von ihnen übrig« (2. Mose 14,27–28; Elberfelder Bibel).

Diese Geschichten stehen aus gutem Grund in der Bibel, aber ich persönlich glaube nicht, daß Gott dabei an unsere Probleme gedacht hat. Lesen Sie solche Abschnitte also nicht, wenn Sie niedergeschlagen sind. Lesen Sie statt dessen lieber: »Nahe ist der Herr denen, die zerbrochenen Herzens sind, und die zerschlagenen Geistes sind, rettet er« (Psalm 34,19; Elberfelder Bibel). Oder: »Er wird deine Gerechtigkeit aufgehen lassen wie das Licht und dein Recht wie den Mittag« (Psalm 37,6; Elberfelder Bibel).

Wenn Sie keinen Vers finden, der Sie sofort tröstet, dann suchen Sie weiter. Gott will Ihnen Mut machen, und er hat unter anderem aus eben diesem Grund Menschen benutzt, um die Bibel zu schreiben. Haben Sie Geduld. Geben Sie dem Herrn Zeit, Sie zu führen in dem, was Sie lesen sollen.

Ehrlich sein vor Gott

Eine weitere Möglichkeit, sich selbst zu ermutigen, besteht darin, mit Gott ehrlich zu sein. Versuchen Sie nicht, Ihre

Gefühle vor Gott zu verbergen. Er kann damit umgehen. Es gibt nichts, was er nicht schon gesehen oder selbst erlebt hat, als er noch auf der Erde lebte.

Ich bin ein Mensch mit sehr starken und tiefen Empfindungen, und wenn ich versuche, meine Gefühle vor Gott zu verschließen, dann ist das so, als ob ich versuchen würde, auf freiem Feld einen Elefanten zu verstecken. Es hat Jahre meines Weges mit Gott gedauert, bis ich glauben konnte, daß er mich für meine Gefühle nicht bestraft.

Wenn ich jetzt Wut empfinde, dann sage ich es ihm. Manchmal bin ich sogar über Gott zornig. Es hat überhaupt keinen Sinn, das zu verbergen. Selbst wenn er nicht meine Gedanken lesen könnte, würde er das Schmollen hinter meinen gekräuselten Augenbrauen sehen, wenn ich bete. Gott muß sich von mir ganz schön viel bieten lassen. Sie haben sicher auch schon erlebt, wie manche Kinder weinerlich werden, wenn sie verletzt sind, und man möchte sie am liebsten an sich kuscheln und sie halten und ihren Schmerz wegschmusen. Andere wiederum treten und schreien und werfen sich zu Boden, und man möchte sie am liebsten auf ihr Zimmer schicken. So bin ich. Ich reagiere bereits extrem, wenn ich mir nur den Zeh stoße.

Gott ringt dann aber nicht die Hände, und ihm bricht auch nicht der Schweiß aus, weil ich um mich schlage. Statt dessen wartet er, bis ich mich ausgetobt habe und müde bin, und dann fragt er mich: »Was kann ich für dich tun?«

Es funktioniert ganz einfach nicht, die wahren Gefühle zu leugnen. Wenn man sie wegdrückt, verstärkt das nur ihre Macht und verzögert die Heilung. Erst wenn uns unser Schmerz bewußt wird und wir ihn Gott gegenüber ausdrücken, heilt Er uns.

Die Mutlosigkeit Gott überlassen

Wenn wir eingestanden haben, wie es in unserem Inneren wirklich aussieht, können wir unsere Verletzung loslassen: »Gott, ich kann das nicht mehr aushalten. Es ist einfach zu schwer.«

Wenn Sie eine Riesenladung Ziegelsteine die Straße hinunterschleppen würden, und ein Riese käme vorbei und böte Ihnen an, die Last für Sie zu tragen – würden Sie dann etwa ablehnen? – »Nein danke. Ich möchte das lieber selbst noch eine Weile schleppen. Ich habe mich so daran gewöhnt, daß ich gar nicht weiß, wie ich ohne die schwere Last auskommen soll.«

Was für eine lächerliche Vorstellung! Aber im Grunde sagen wir genau das zu Gott, wenn wir darauf bestehen, unsere Last selber zu tragen. Manchmal haben wir vielleicht nicht die Kraft zum Beten. Aber Gott kennt unser Herz auch dann, wenn wir schweigen, und er holt uns da ab, wo wir gerade sind.

Gott fühlt den Schmerz seiner Kinder. Es tut ihm weh, wenn wir unseren Arbeitsplatz verlieren. Es tut ihm weh, wenn ein Kind drogensüchtig wird. Es tut ihm weh, wenn Ehepartner sich gegenseitig verlassen. Aber auf der geistlichen Ebene hat er die Macht zu trösten, zu heilen, die betreffende Situation irgendwie erträglich zu machen – wenn Sie ihm in Ihrem Schmerz vertrauen.

Sich nicht mit anderen vergleichen

Ein weiterer Schritt zur Selbstermutigung besteht darin, sich nicht mehr mit anderen zu vergleichen. Jeder Mensch ist anders. Wir gehen mit den verschiedensten Arten von Schmerz auf die unterschiedlichste Art um. Was Ihnen weh tut, stört einen anderen Menschen vielleicht gar nicht. Hier ein paar Beispiele dafür, was ich damit meine:

»Janys Mann hat auch eine Herzoperation gehabt, aber es hat ihre Familie nicht so sehr belastet, wie uns das gleiche belastet hat.«

»Warum sollte es mir etwas ausmachen, daß Steve die Stelle bekommen hat und nicht ich? Roy wäre eigentlich auch an der Reihe gewesen, und er verhält sich, als gäbe es nichts, was ihn weniger interessiert. Er sagt ganz einfach, daß er es eben nächstes Mal noch einmal versucht.«

Hier wird deutlich, warum wir nie sagen können, daß wir den Schmerz des anderen wirklich »verstehen«. Wir können ihn nie ganz begreifen. Selbst wenn wir ähnliche traumatische Dinge erlebt haben, ist unsere Wahrnehmung von Schmerz und unsere Reaktion darauf so unterschiedlich, daß wir den Schmerz und das Leiden eines anderen nie völlig erfassen können.

Schauen Sie nicht auf Karen und erwarten dann, daß Sie den gleichzeitigen Auszug Ihrer beiden Kinder aus dem Haus in drei Monaten und neunzehn Tagen überwinden müssen, weil das bei ihr so war. Vielleicht dauert es bei Ihnen sechs Monate oder gar zwei Jahre, je nachdem, wie die Umstände und Ihre eigene Persönlichkeit aussehen.

Geben Sie Ihr Bestes, und seien Sie offen für Heilung durch den Heiligen Geist. Versuchen Sie, sich nicht damit zu belasten, wie jemand anders die gleiche Situation handhabt.

Es wird besser werden

»Und der Herr segnete das Ende Hiobs mehr als seinen Anfang« (Hiob 42,12; Elberfelder Bibel). Wenn man mitten in großen Schwierigkeiten steckt, kann man sich kaum vorstellen, daß sich daran jemals etwas ändert. Während Hiob sich seine Geschwüre kratzte, hat er sicher gedacht, daß das für immer so bleiben würde. Ich bin sicher, daß es ihm damals wie eine Ewigkeit vorgekommen ist. Schmerz, und emotionaler Schmerz wahrscheinlich mehr noch als körperlicher, kann so verheerend sein, daß wir überzeugt sind, er bringt uns um. Deshalb ist es so wichtig, eine Perspektive zu behalten. Leiden ist nur ein momentaner Verlust. Unser Leben kann wiederhergestellt oder ganz neu aufgebaut werden, und zwar oft schneller, als wir es für möglich gehalten hätten.

Sich selbst zu ermutigen, ist gar nicht so einfach. Keine der in diesem Kapitel angesprochenen Methoden wirkt immer und bei jedem. Wichtig ist zu wissen, daß Sie sich in der Gegenwart Gottes auch selber ermutigen können, wenn kein Pastor, Seelsorger, Freund oder Ehepartner da ist, um Sie aufzurichten, wenn Sie mutlos sind.

Sich selbst Mut zu machen, hat oft mit der Veränderung eigener Denkmuster zu tun. Wenn man seine Gedanken vom Problem wegziehen und auf praktisch alles andere richten kann, dann kann der Heilungsprozeß beginnen. Ich will damit keineswegs sagen, daß Sie Ihre eigenen Probleme verdrängen und beiseite schieben sollen. Natürlich soll man sich mit der *Ursache* jeder Mutlosigkeit auseinandersetzen. Tun Sie alles, wovon Sie wissen, daß es funktioniert, und wenden Sie sich dann bewußt der Zukunft zu.

10. Durch Briefe und Zettel ermutigen

Einem frischgebackenen Bibelschullehrer fiel es sehr schwer, seine Unterrichtsvorbereitungen mit all dem unbekannten neuen Material zu bewältigen. Eines Tages entschuldigte er sich bei seinen Schülern und bat um Verständnis für seine dürftige Vorbereitung in den vergangenen Wochen, statt, wie sonst, mit dem Unterricht zu beginnen. Außerdem bat er die Schüler, dafür zu beten, daß er seine Arbeit schaffen könne.

Die Schwierigkeiten dieses Lehrers brachten eine seiner Schülerinnen auf die Idee, eine Organisation namens »Barnabas-Komitee« zu gründen. Sie berichtete darüber in einem Artikel mit dem Titel »Die Macht der Ermutigung«. Die Schüler fingen an, anonym mutmachende Botschaften an ihre Lehrer zu schicken; oft waren kleine Geschenke wie Schokoriegel, ein Apfel oder sonst eine Kleinigkeit dabei. Diese einfachen Zeichen der Wertschätzung veränderten die Atmosphäre an der Schule völlig. (Jeanne Doering, The Power of Encouragement – »Die Macht der Ermutigung«, in: Christian Herald, März 1983, S. 26)

An Ermutigung in schriftlicher Form denkt man oft einfach nicht. Aber eine Karte, eine kurze Notiz oder ein Brief, die die innersten Gedanken zum Ausdruck bringen, können bei einem anderen oft Wunder wirken.

Wie sehr baut es mich auf, wenn ich meinen Briefkasten leere und zwischen Rechnungen und Werbung einen Umschlag entdecke, der an mich persönlich adressiert ist, besonders wenn ich feststelle, daß es sich nicht einmal um eine Einladung zur Hochzeit oder Geburtsanzeige handelt, sondern um eine Mitteilung der Liebe und Ermutigung! Solche Mitteilungen sind meistens nicht in blumige Sätze verpackt oder in wortreicher Poesie formuliert, sondern es sind schlichte, aber von Herzen kommende Aussagen.

Man muß kein Literat sein, um jemandem eine ermutigende Mitteilung zu schreiben. Das kann jeder. Wenn sie von Herzen kommt, dann erreicht sie trotz grammatikalischer Fehler, Rechtschreibfehler oder unleserlicher Handschrift den Empfänger.

Ich habe kürzlich folgende Mitteilung erhalten:

> Liebe Gloria!
> Ich telefoniere schrecklich gern mit Dir. Du munterst mich jedesmal auf. Du hast immer diesen Unterton in der Stimme, der mir sagt: »Hey, du bist mir wichtig, wie schön, daß du anrufst.«

Im weiteren Verlauf des Briefes zählte meine Freundin zahlreiche Gründe auf, weshalb sie Gott für unsere Freundschaft dankbar ist. Als ich den Brief fertig gelesen hatte, mußte ich weinen. Ich hatte Ermutigung gerade an dem Tag so dringend nötig. Bis dahin hatte mir noch nie jemand gesagt, daß er genau diesen Zug an mir mochte.

Ich bemühe mich wirklich, am Telefon freundlich zu klingen. Ich melde mich mit einem freundlichen »Hi« im Plauderton, damit der Anrufer weiß, daß ich bereit und willens bin (normalerweise wenigstens), mit ihm zu sprechen, und daß er eine freundliche Begrüßung verdient hat, wenn er so ernsthaft und intensiv an mich denkt, daß er anruft.

Wenn ich einen schlechten Tag habe, an dem scheinbar alles daneben geht, bin ich oft versucht, mich am Telefon mit einem knurrigen »Chisholm« zu melden, während ich gleichzeitig denke: »Was willst du denn noch?!« Wenn ich nicht diesen Brief von meiner Freundin bekommen hätte, würde ich der Versuchung vielleicht nachgeben, aus dem Irrtum heraus, daß sowieso niemand den Unterschied merken würde. Aber wenn jetzt das Telefon klingelt, bin ich in der Lage, meine Probleme für einen Moment beiseite zu stellen, damit die Person am anderen Ende der Leitung ihren Anruf nicht zu bereuen braucht.

Was wäre gewesen, wenn meine Freundin nicht geschrieben hätte? Ich weiß nicht, wie das bei Ihnen ist, aber ich zucke jedesmal innerlich zusammen, wenn sich am Telefon jemand mit einem unfreundlich gebellten Namen meldet. Ich nehme das persönlich, auch wenn ich weiß, daß die Person am anderen Ende noch nicht einmal weiß, mit wem sie überhaupt spricht. Weil also jemand bemerkt hat, daß ich am Telefon freundlich bin, und sich außerdem auch noch die Zeit genommen hat, mir das mitzuteilen, bemühe ich mich jetzt noch mehr um Freundlichkeit, besonders an Tagen, an denen es mir nicht so leicht fällt.

Aber warum schriftlich ermutigen? Wäre es nicht genauso wirkungsvoll – und dabei viel einfacher –, zum Telefon zu gehen und eine Nummer zu wählen? Oder die Aussage einfach mündlich zu machen, wenn man sich das nächste Mal trifft? Vielleicht wäre es ebenso wirkungsvoll, aber manchmal ist die schriftliche Mitteilung vielleicht noch wirkungsvoller, und es braucht keine lästige Pflicht zu sein, wie wir noch sehen werden.

Warum schriftlich?

Gründe für schriftliche Mitteilungen gibt es reichlich. Ich hoffe, daß die folgenden Sie überzeugen, damit Sie beim nächsten Mal, wenn Ihnen ein Name einfällt, merken: Der Herr will vielleicht, daß Sie Ihre Ermutigung schriftlich weitergeben.

– Eine schriftliche Mitteilung erweist sich als effektivste Methode, wenn man zum Ausdruck bringen will, was man für einen anderen Menschen empfindet. Weil die betreffende Person nicht vor Ihnen steht und jedes Wort auf die Goldwaage legt, können Sie sich so viel Zeit lassen, wie Sie brauchen, um sich zu überlegen, was genau Sie sagen wollen. Sie können sammeln, ausradieren, und so viele Entwürfe machen, wie Sie wollen, bis Sie damit zufrieden sind.

– Weil Sie nicht dabei sind, wenn der Adressat Ihre Mitteilung liest, brauchen Sie keine ganz spezielle Reaktion zu erwarten. Das kann besonders dann von Vorteil sein, wenn Sie zu den Menschen gehören, die zwar gerade »Hallo« herausbringen, aber danach schnell verstummen.

– Auch wenn einem ständig ermutigende Gedanken kommen, so geschieht das oft nur dann, wenn man nicht mit der Person zusammen ist, für die sie gedacht sind. Der Gedanke kann flüchtig sein, und man läßt ihn vergehen, ohne ihn geistig festzunageln. Wenn das passiert, erfährt ihn gerade der Mensch, der ihn braucht, niemals. Wenn Sie aber die Gelegenheit haben, sich hinzusetzen und den betreffenden Gedanken aufzuschreiben, solange er noch frisch ist, dann wird daraus ein mutmachender Gedanke, der einen anderen aufmuntert, statt nur ein flüchtiger Impuls, der irgendwo im Nichts verschwindet.

– Der Empfänger der Mitteilung kann das Geschriebene lesen, wann immer und so oft er möchte. Im Gegensatz zu einem Anruf, durch den der Empfänger möglicherweise bei etwas Wichtigem unterbrochen wird, kommt eine Karte zusammen mit der anderen Post ins Haus und liegt dann einfach erst einmal so lange wie nötig da, ohne die Forderung nach unmittelbarer Aufmerksamkeit zu stellen, wie das bei einem Anruf der Fall ist.

– Eine niedergeschriebene Ermutigung kann an einem Ort abgelegt werden, von dem man sie immer wieder hervorholen und noch einmal lesen kann. Ich wünschte oft, mein Gehirn wäre ein Computer, damit ich mich an all die vielen freundlichen Worte erinnern könnte, die mir andere im Laufe der vergangenen Jahre gesagt haben. Ich bin dankbar für alle, die sich aufgerafft haben, ihre Gedanken zu Papier zu bringen, denn es hat viele Tage gegeben, an denen ich den Karton mit Aufmunterungen hervorholen mußte (die gemeinen Mitteilungen nicht aufbewahren!), die mich daran erinnerten, daß ich ein wertvoller Mensch bin, daß es jemanden gibt, der mich liebt, auch in Zeiten, in denen ich mich selbst überhaupt nicht ausstehen kann.

Die nötigen »Zutaten« zur Hand haben

Sie werden feststellen, daß Sie wahrscheinlich eher zu Stift und Papier greifen, wenn Sie beides zur Hand haben. Nichts dämpft Ihre Entschlossenheit mehr als die Feststellung, daß Sie keine Briefmarke, keinen Umschlag oder kein vernünftiges Blatt Papier haben. Ich habe immer ein bis zwei Briefmarkenheftchen vorrätig und fünf bis zehn verschiedene Karten, ernste wie humorvolle.

Es ist auch sinnvoll, einen Vorrat an Karten für besondere Anlässe wie Geburtstage, Hochzeiten, Geburten usw. zu haben, damit man nicht jedesmal extra in ein Schreibwarengeschäft zu gehen braucht. Ein Geburtstagsgruß ist beispielsweise die ideale Gelegenheit, jemanden zu ermutigen. Ein paar persönliche Anmerkungen dem gedruckten Glückwunsch hinzugefügt, und jede gekaufte Karte bekommt einen persönlichen Anstrich.

Ein paar Tips

Wenn es um Tips zum Schreiben von solchen Ermutigungs-Grüßen geht, dann sage ich am liebsten: »Setzen Sie sich einfach hin und tun Sie es.« Es gibt allerdings ein paar Tips, die die Wirkung einer geschriebenen Ermutigung noch verstärken.

Wenn Sie jemanden auf einem Gebiet ermutigen wollen, auf dem er Ihres Wissens schwach ist, dann beten Sie darum, daß der Herr Ihnen einen passenden Bibelvers zeigt, den Sie dann der Karte beifügen können. Manchmal erscheinen die eigenen Worte unzulänglich, und man fühlt sich unfähig, den betreffenden Menschen in seinem Kummer überhaupt zu erreichen. Die Bibel schafft, was uns in unserem Menschsein nicht gelingt: sie heilt, bringt Vergebung und offenbart, wie sehr Gott uns liebt.

Eine ermutigende Nachricht sollte möglichst kurz gehalten werden und direkt zur Sache kommen, um die größtmögliche Wirkung zu erzielen. Sie verpufft, wenn die beabsichtigte Aussage immer noch einmal, wenn auch in anderen Worten, wiederholt wird. Der erste Absatz stellt den Zweck der Mitteilung fest, im zweiten Absatz wird die Aussage vertieft, der dritte Absatz faßt zusammen und enthält den Schlußgruß.

Schreiben als Dienst

Wenn Sie merken, daß es Ihnen Spaß macht, Ihre Gedanken und Gefühle aufzuschreiben, dann möchten Sie den Herrn vielleicht bitten, Ihr Schreiben in seinen Dienst zu stellen. Viele Menschen leben isoliert von ihrer Umwelt und würden von solchen schriftlichen Mitteilungen sehr profitieren.

Strafgefangene beispielsweise erfahren so gut wie nie genügend Ermutigung.

Ich habe seit etwa zwei Jahren einen Briefwechsel mit einem Häftling. Außer seiner Frau, die keine große Briefschreiberin ist, bin ich die einzige Person, von der er etwas Positives erfährt. Er hat sogar Schmähbriefe von wütenden Verwandten erhalten, die seine Haft benutzen, um ihm endlich schriftlich zu geben, für was für einen Idioten sie ihn halten. Besagter junger Mann braucht verzweifelt Ermutigung. Wenn er einen Monat lang nichts von mir hört, schreibt er mir, ich möchte doch bitte wieder von mir hören lassen. Was hat er sonst, worauf er sich kurzfristig freuen kann?

Ich bin immer wieder erstaunt darüber, daß er meine

Briefe, so hohl sie mir auch manchmal selbst erscheinen, sehr schätzt und sie ihm eine echte Lebensquelle sind. Und es gibt Tausende von Strafgefangenen wie ihn im ganzen Land. Möglicherweise sind wir ihre einzige Verbindung zu einem warmherzigen, liebevollen Menschen. Ich wage zu bezweifeln, daß die Wachen und die Mitgefangenen warmherzig oder liebevoll sind. Wenn man Strafgefangenen schreibt, ist besonders wichtig, daß die Briefe aufmunternd und hoffnungsvoll sind. Hinter den Gittern, die den Gefangenen vom Rest der Bevölkerung trennen, gibt es eine Welt voller Gewalt, Haß und Rebellion. Außenstehende sind wahrscheinlich die einzigen Quellen für positive Nachrichten. Ein Strafgefangener, der Tag für Tag so viel Negativem ausgesetzt ist, kann sich schnell für die reale Welt verhärten. Von seinem Standpunkt aus kann er leicht zu der Einstellung gelangen, daß jeder nur darauf aus ist, ihn fertig zu machen, daß Selbstbehauptung das höchste Ziel eines Menschen ist, und daß alles erlaubt ist, wenn es ums nackte Überleben geht.

Ich glaube, daß meine Briefe dem Freund im Gefängnis Hoffnung für seine Zukunft vermitteln, daß sie meinen Glauben an ihn stärken und ihn daran erinnern: Jemand draußen denkt an ihn, liebt ihn und betet für ihn. Dadurch wirken die Briefe dem beschriebenen Prozeß der Verhärtung entgegen. Betrachten Sie es als persönliche Herausforderung, einen Strafgefangenen zum Lachen zu bringen. Schicken Sie ihm einen Cartoon, schreiben Sie etwas Humorvolles oder hin und wieder einen guten Witz.

Missionare sind ebenfalls eine Gruppe von Menschen, die mutmachende Post brauchen. Sie arbeiten viel und hart in weit entfernten, fremden Ländern und bekommen leicht das Gefühl, in Vergessenheit zu geraten, wenn sie keine mutmachende Post aus der Heimat bekommen. Viel zu oft betrachten wir Missionare als Festungen der Stärke, die ihr Leben den Menschen anderer Länder widmen und die – aufgrund der Berufung durch Gott – Tag für Tag weitermachen, stets lächeln, nie niedergeschlagen oder mutlos sind. Oder wir denken überhaupt nicht an sie.

Missionare sind Menschen. Sie leben sehr isoliert und predigen das Evangelium vielleicht irgendwo unter Menschen im Dschungel, denen es entweder ziemlich egal ist, ob Missionare da sind, oder die sogar offen feindselig sind. Sie sind getrennt von ihren Familien, ihren Freunden und von ihrem geschützten Umfeld mit all seinem modernen Komfort, an den sie sich im Laufe ihres Lebens gewöhnt haben. Missionare brauchen in der Tat besonders viel Ermutigung. Sie sehnen sich danach, zu erfahren, wie die Bibelstunde in der letzten Woche war, was es in dieser Woche zu essen gab und wer in der nächsten Woche im Gottesdienst die Predigt hält. Sie brauchen die Gewißheit, daß für sie gebetet wird und daß ihre Tätigkeit wertgeschätzt wird.

Eine weitere wirkungsvolle Methode des Dienstes durch Schreiben ist das *Zustecken oder Weitergeben von Zetteln.* Das mag vielleicht ein wenig kindisch klingen, aber es gibt Zeiten, da ist Ermutigung in dieser Form ausgesprochen wirkungsvoll. Als ich mich einmal in bezug auf eine bestimmte Freundin sehr unsicher fühlte, ließ sie während des Gottesdienstes einen Zettel an mich weitergeben, in dem sie mir ihre Freundschaft versicherte. Sie schrieb nur die Worte: »Die Liebe ist langmütig, die Liebe ist gütig; sie neidet nicht; die Liebe tut nicht groß, sie bläht sich nicht auf, sie benimmt sich nicht unanständig, sie sucht nicht das Ihre, sie läßt sich nicht erbittern, sie rechnet Böses nicht zu, sie freut sich nicht über die Ungerechtigkeit, sondern sie freut sich mit der Wahrheit; sie erträgt alles, sie glaubt alles, sie hofft alles, sie erduldet alles« (1. Korinther 13,4–7; Elberfelder Bibel).

Aber mehr war auch nicht nötig. Im Laufe des Gottesdienstes ließ ich diese Worte innerlich sacken und empfand nicht nur die Tiefe der Liebe Gottes ganz neu, sondern auch die Liebe seiner Kinder untereinander. Ich fühlte mich wieder sicher. Ich habe diesen Zettel aufbewahrt, um mich daran erinnern zu lassen, was ich an dem Tag gelernt habe, und noch einen zweiten Zettel habe ich nie weggeworfen. Auf ihm steht: »Du siehst heute wunderschön aus.«

Wie sehr ich solche Ermutigungszeichen schätze! Inzwischen habe ich immer einen kleinen Notizblock in der Handtasche für solche Gelegenheiten, sei es im Gottesdienst oder in der Bibelstunde, wenn ich spontan jemandem mitteilen möchte, wie sehr ich ihn oder sie mag und schätze.

Ich befürworte damit keine rege Korrespondenz während des Gottesdienstes, nur damit Ihr Pfarrer (oder meiner) das nicht falsch versteht! Aber wenn einmal ein Zettel in der Kirchenbank weitergereicht wird, dann braucht wahrscheinlich gerade jemand ganz dringend diese mutmachende Mitteilung.

Sie können ganz sicher sein, daß Ihr Zettel oder Brief positiv aufgenommen wird. Die meisten Menschen werden Ihnen irgendwann sagen, was ihnen diese Mitteilung bedeutet hat, aber manche werden Ihnen vielleicht nicht einmal sagen, daß sie sie bekommen haben. Vielleicht liegt das daran, daß zu viel Zeit verstrichen ist zwischen dem Brief und Ihrer nächsten Begegnung, oder der Adressat weiß einfach nicht, wie er reagieren soll, und schweigt sich deshalb lieber aus.

Dieses Weitergeben soll nicht Ihnen selbst zum Segen werden, sondern in erster Linie anderen. Meiner Erfahrung nach (falls sie denn repräsentativ ist) werden solche Mitteilungen immer wieder gelesen, lange aufbewahrt und wie ein Schatz gehütet.

Noch ein letztes Wort der Warnung. Benutzen Sie nicht Zettelnachrichten, um persönlichen Gesprächen auszuweichen. Eine Notiz kann ein wirksames Mittel der Ermutigung sein, aber sie ist kein Ersatz für die Vertrautheit in einer persönlichen Begegnung und in einem Gespräch.

Ich habe eine Freundin, die gern ausweicht und alles mögliche unternimmt, um persönlichen Kontakt zu meiden, und die auch kaum auf andere Menschen zugeht. Einmal bekam ich einen Brief von ihr, als es mir sehr schlecht ging. So sehr ich mich auch darüber freute, dachte ich doch: »Ich wünschte, sie wäre gekommen und hätte es mir selber gesagt.« Ich wußte, daß sie den bequemeren Weg gewählt hatte, weil sie der persönlichen Begegnung ausweichen wollte. Zugegeben, manchmal ist es vielleicht praktischer oder auch weniger »peinlich«, sich hinzusetzen und jemandem einen Brief zu schreiben, der oder die eigentlich eine Berührung bräuchte. Aber es ist schwierig, diese körperliche Berührung durch ein Blatt Papier zu vermitteln.

Genauso, wie wir lernen müssen, sensibel zu werden für die Gelegenheiten, wo eine Mitteilung angebracht ist, müssen wir auch lernen zu erkennen, wann wir unsere Gedanken nicht zu Papier bringen sollen.

Dennoch, eine geschriebene Nachricht ist ein konkreter Ausdruck der Liebe und in einer Zeit, in der das Absolute so vergänglich scheint und die Realität uns zwischen den Fingern zerrinnt, brauchen wir um so mehr jemanden, den wir sehen, an dem wir uns festhalten können und der oder die unserem Leben Sinn gibt. Ihre geschrieben Worte stehen für Sie – für Ihre Zeit und Ihre Liebe für andere.

11. Durch Gespräch ermutigen

Ermutigung durch Gespräch ist absolut notwendig für geistige Gesundheit und geistiges Wohlbefinden. Mit unserem inneren Ohr müssen wir hören, wie andere uns sagen, daß wir ihnen wichtig sind.

Worte können niederschmettern. Worte können aufbauen.

Worte können zerstören. Worte können heilen.

Worte können töten. Worte können Leben geben.

»Tod und Leben sind in der Gewalt der Zunge . . .« (Sprüche 18,21; Elberfelder Bibel).

In ihrem Buch »You Are Not The Target« (»Du bist nicht die Zielscheibe«, New York 1963, S. 180–81), berichtet Laura Archer Huxley von einem Vorfall mit einer Krankenhauspatientin, die gerade operiert werden soll:

»Die Operation ist nicht ernst, aber die Patientin ist ängstlich und schläfrig durch die Beruhigungsmittel. Ein Tröster, der es gut meint, versichert ihr: ›Mach dir keine Sorgen, Liebes, keine zwei Stunden, und alles ist vorbei.‹ Was kann daran falsch sein? Für jemanden, der voll bei Bewußtsein ist, wäre das bestimmt ermutigend und bestärkend. Aber das Bewußtsein ist durch Beruhigungsmittel getrübt, und Krankheit und Angst überlassen das Feld dem Unterbewußtsein, das alles absolut wörtlich nimmt: ›Keine zwei Stunden, und alles ist vorbei.‹ Was das Unterbewußtsein angeht, heißt das soviel wie: In weniger als zwei Stunden ist es vorbei mit dir – du wirst tot sein! Alles vorbei . . . alles vorbei . . . mit diesen düsteren und kräftezehrenden Gedanken wird sie in den Operationsaal geschoben.«

Glücklicherweise teilte diese Frau ihre Angst dem Anästhesisten mit, der sofort verstand und mit behutsamer Aufmunterung gegensteuerte. – Huxley fährt fort:

»Alle guten Anästhesisten wissen heute um die Macht

von Worten auf ein ängstliches Halbbewußtsein und sogar auf völlig bewußtlose Patienten. Es besteht inzwischen allgemein Einigkeit darüber, daß die Geräuschwahrnehmung noch lange anhält, nachdem die Schmerzwahrnehmung bereits betäubt ist. (...) Eine Operation ist eine außerordentliche mentale und körperliche Streßsituation. In etwas geringerem Ausmaß gilt dasselbe Prinzip auch für andere Streßsituationen, wie zum Beispiel Erschöpfung, Krankheit oder Schock.« (S. 181)

Wir müssen immer mitberücksichtigen, welche Wirkung unsere Worte auf andere Menschen haben, ob sie Leben zerstören oder Leben hervorbringen. Über die tugendhafte Frau heißt es in Sprüche 31,26: »Ihren Mund öffnet sie mit Weisheit, und freundliche Weisung ist auf ihrer Zunge« (Elberfelder Bibel).

Eine meiner ersten Erinnerungen an Ermutigung ist eine lockere Bemerkung, die jemand machte, nachdem ich etwa insgesamt fünf Minuten vor einer großen Frauenversammlung gesprochen hatte. Auf meinen improvisierten Vortrag bezugnehmend, sagte die Frau: »Ich wußte gar nicht, daß Sie so witzig sind.«

Witzig? Ich? Das Gespräch um mich her ging weiter, aber die Worte der Frau klebten an meinem Gehirn und paßten mir haargenau wie eine Wolljacke bei Minustemperaturen. Als ich mir den besagten Abend in Erinnerung rief, erinnerte ich mich zwar an Gelächter, aber damals hatte ich den Grund dafür nicht gewußt. Ich erinnere mich lediglich daran, daß ich alle Mühe hatte, ein Konzept zu erklären, und je mehr ich redete, desto mehr lachten die Zuhörerinnen. Ich freute mich, daß ihnen meine kleine Ansprache gefiel, aber eigentlich hatte es gar keine komische Nummer sein sollen. Danach war ich ziemlich frustriert nach Hause gegangen mit dem Gefühl, daß es mir nicht gelungen war, mein Konzept zu vermitteln.

Und nun sagte mir diese Frau, ich sei witzig! Wenn es passiert war, dann war es eben passiert, daran konnte ich nichts mehr ändern. Inzwischen muß ich meinen Humor immer ein wenig bremsen, weil ich an allem und jedem einen komischen Aspekt finden kann.

Durch die Worte dieser Frau wurde ich in einem Bereich meiner Persönlichkeit befreit, der vorher gebunden gewesen war. Ihre Worte veränderten mein Leben und hatten großen Einfluß auf meinen Umgang mit anderen Menschen.

Wir wissen, daß die Zunge ein machtvolles Instrument ist. Wie können wir sie einsetzen, um damit anderen zum Leben zu verhelfen?

Die Angst besiegen

Wenn man anderen Mut machen will, besteht der erste Schritt darin, die Angst davor zu besiegen, wie wir wohl beim anderen ankommen oder wie unsere Worte aufgenommen werden. Wenn wir uns selbst davon überzeugen, daß es darauf gar nicht ankommt, dann sind wir auf dem richtigen Weg.

Und es kommt *wirklich* nicht darauf an. Das Ziel von Ermutigung ist ja nicht, uns oder anderen zu beweisen, wie gut wir uns ausdrücken können. Es besteht auch nicht darin, ein Lächeln und ein »Danke – du bist einfach toll« vom Empfänger der Ermutigung zu ernten.

Zweck der Ermutigung ist es, einen anderen Menschen aufzubauen. Um dieses Ziel nicht aus den Augen zu verlieren, müssen wir die Angst vor etwas loswerden, das im Vergleich mit unserem Ziel relativ unbedeutend ist. »Denn der in euch ist, ist größer als der, der in der Welt ist« (1. Johannes 4,4). Weil Jesus, der Urheber aller Ermutigung, größer ist als der Widersacher, der Urheber der Angst, ». . . überwinden wir weit durch den, der uns geliebt hat« (Römer 8,37).

Die einzige mir bekannte Methode, einen Sieg zu erringen, besteht darin, die Konfrontation mit dem Feind zu suchen. Wegzulaufen bedeutet zu kapitulieren. Jedesmal, wenn wir ein bißchen weiter auf den Feind Angst zugehen, gewinnen wir Raum. Und es dauert gar nicht lange, bis wir uns nicht mehr daran erinnern können, daß wir einmal Angst davor gehabt haben, auf andere zuzugehen, um sie zu ermutigen. Und ganz sicher kann man nicht mehr nachvollziehen, wieso man sich vor einer so lohnenden Erfahrung gefürchtet hat.

Um zu dem Entschluß zu kommen, unsere Angst zu besiegen, müssen wir uns vorstellen, was wir zu verlieren haben, wenn wir in unserer Angst gefangen bleiben.

Sie werden gebraucht. Weil Sie ein einzigartiges Leben mit einzigartigen Erfahrungen und Herausforderungen führen, haben Sie etwas zu bieten, was kein anderer zu bieten hat. Lassen Sie also nicht zu, daß Ihre Angst oder Ihre Unsicherheit Sie davon abhält, anderen Mut zu machen und sie ein bißchen weiter nach vorn zu stubsen, damit sie näher zu Gott kommen können.

Vorgehensweise

Nachdem Sie die Angst überwunden haben, müssen Sie als nächstes wissen, daß Ihre Vorgehensweise Einfluß darauf hat, wie Ihre Ermutigung ankommt.

Ich habe den Rat gegeben, daß Sie sich keine *Sorgen* darüber machen sollen, wie Ihre Worte aufgenommen werden. Das gilt aber nur so lange, wie es nicht an Ihnen liegt, daß Ermutigung den Empfänger nicht erreicht oder er sie nicht annehmen kann. Wenn Sie zu sehr drängen oder nicht eindeutig genug sind, dann werden Sie nicht ernstgenommen. Besonders wichtig ist Blickkontakt. Wenn sich Ihre Blicke mit denen eines anderen Menschen treffen, dann haben Sie ganz bestimmt seine volle Aufmerksamkeit.

In der Kürze liegt die Würze

»Ein Vernünftiger mäßigt seine Rede ...« (Sprüche 17,27). Wenn Sie nicht gerade eine Lobrede halten, ist es am besten, sich bei einem Lob kurz zu fassen, und es dabei so präzise wie möglich zu formulieren. Ein paar Sätze sollten genügen. Auf diese Weise verhindern Sie, daß Ihrem Gegenüber das Lob nur noch peinlich ist.

Eine Ausnahmesituation kommt manchmal vor, wenn man einem sehr verletzten Menschen Mut machen will und der Betreffende gern ein richtiges Gespräch führen möchte. Man muß sich manchmal wiederholen, um solche Leute von ihrem Wert zu überzeugen oder davon, daß der Herr diese ganz konkrete Situation im Blick hat und ihr gewachsen ist.

Unter normalen Umständen verstärkt es die Wirkung ermutigender Worte, wenn man sich kurz faßt. Viele Worte wirken manchmal wie Schmeichelei, auch wenn das gar nicht beabsichtigt ist.

Der Ton macht die Musik

Ihr Ton spielt eine wichtige Rolle, wenn Sie anderen Leuten Mut machen. Ihre Worte drücken vielleicht etwas ganz Bestimmtes aus, aber Ihr Ton kann etwas völlig anderes vermitteln.

Ich erinnere mich noch gut an ein anstrengendes Projekt, an dem ich mit einer Freundin arbeitete. Nach vier Jahren hatte sie schließlich ihren Teil der Arbeit erledigt. Als ich dann mit meinem Part auch endlich fertig war, rief ich sie an und war so aufgeregt, daß ich mich gar nicht fassen konnte, und ich schrie: »Ich bin fertig! Ich bin fertig! F-E-R-T-I-G!«

Es folgte eine Pause am anderen Ende der Leitung, und dann sagte sie: »Ach, wie schön«, und zwar mit nichtssagender, monotoner Stimme, die sowohl bedeuten konnte, daß es jetzt aber auch endlich Zeit würde, als auch, daß ihr diese Nachricht ganz und gar nicht gefiel.

Meine Begeisterung über das Geschaffte löste sich durch ihren Tonfall schlagartig in Nichts auf.

Als wir später darüber sprachen, erfuhr ich, daß ihre fehlende Begeisterung gute Gründe hatte. Es hatte ihr großen Spaß gemacht, mit mir zusammen an diesem Projekt zu arbeiten, und ihr fehlte jetzt die gemeinsame Arbeit. Sie hatte Angst, daß wir uns jetzt nur noch selten sehen würden.

Mit dieser Aussage konnte ich umgehen. Nach ihrer ermutigenden Erklärung ging es mir sofort wieder besser.

Vielleicht sagen Sie etwas, aber Ihre wahren Gefühle, die in Ihrem Tonfall zum Ausdruck kommen, vermitteln etwas vollständig anderes.

Sie können Ihrem Mann beispielsweise wie nebenbei und ganz locker sagen: »Ich liebe dich.« Oder Sie können ihm intensiv in die Augen schauen und dieselben Worte sehr verführerisch sagen, so daß sie bedeuten: »Ich wünschte, ich könnte dir sagen, wie sehr ich dich liebe.«

Es werden in beiden Fällen exakt dieselben Worte gesagt, aber der Tonfall macht den Unterschied in der Bedeutung. Wenn wir anderen Mut machen, müssen wir selbst glauben, was wir sagen, oder wir sollten es besser ganz sein lassen.

Jeder Mensch ist etwas ganz Besonderes und sollte auch so behandelt werden. Der Tonfall kann entweder Ihre Begeisterung über die Einzigartigkeit des anderen vermitteln, oder er kann Ablehnung beinhalten.

Wenn es an Ihrer Haustür klingelt und Sie öffnen, offenbart dann Ihr Tonfall Ihre wirklichen Gefühle?

Wenn dort ein Vertreter mit seinem Musterkoffer steht, hört Ihr »Hallo« sich dann an wie: »Was wollen Sie denn hier!«?

Wenn es eine liebe Freundin ist, dann besagt Ihr »Hallo« vielleicht: »Du kommst wie gerufen.«

Wenn ich durchs Himmelstor gehe, dann möchte ich gern, daß dort jemand steht und mich begrüßt, und ich hoffe, daß dieser jemand sich freuen wird, mich zu sehen.

Wäre es nicht toll, wenn wir uns darauf verlassen könnten, auch hier unten auf der Erde so willkommen geheißen zu werden? Warum eigentlich nicht? »Ach, sieh mal an, wer da ist! Ich freue mich, dich zu sehen. Tritt doch ein in mein Leben und nimm erst mal Platz.« Auch das kann und sollte Ihr Tonfall vermitteln, wenn Sie ein Mutmacher sein wollen.

Ihr Stil

Wie bei allem, was wir tun, hat unsere Art der Ermutigung einen ganz eigenen Stil. Fühlen Sie sich wohl dabei, wie dieser Stil ist, und lassen Sie ihn sich aus Ihrer Persönlichkeit entwickeln. Seien Sie ganz Sie selbst.

In der Zeit meiner ersten Schritte als Mutmacherin beobachtete ich eine Freundin und versuchte, sie nachzuahmen. Wenn sie Menschen zuhörte, die mit ihr über ihren Kummer sprachen, bekam sie einen ganz traurigen Gesichtsausdruck und murmelte hin und wieder: »Ach!« Sie sagte *immer:* »Ich habe dich gern« und bot *immer* an, für oder mit der betreffenden Person zu beten. Für sie war es einfach unvorstellbar, ein Treffen ohne eine Umarmung zu beenden. Das war ihr Stil, ihre persönliche Note. Sie war von Natur aus ein mitfühlender Mensch.

Schon nach kurzer Zeit merkte ich, daß meine Nachahmungsversuche immer mehr verhinderten, ich selbst zu sein. Es ist einfach nicht mein *Stil,* dauernd zu sagen: »Ich mag dich.« Nur ganz selten sage ich das. Ich versuche zwar, daran zu denken, aber oft vergesse ich zu beten, und meistens kommt es mir gar nicht in den Sinn, mein jeweiliges Gegenüber zu umarmen.

Wie sieht es aber nun für mich aus, wenn ich ich selbst bin?

Meistens stelle ich eine ganze Menge Fragen. Außerdem fällt es mir leichter, zunächst einmal schweigend mit dem anderen mitzufühlen, bis ich aus Mitgefühl sage: »Das tut mir sehr leid. Kann ich dir/Ihnen irgendwie helfen?« Oder ich fange an zu weinen, oder ich tue vielleicht auch gar nichts.

Das Wichtigste für mich ist, wirklich ich selbst zu sein, denn nur dann ist auch die Fürsorge, die der andere sieht, echt und real. Vielleicht wird meine Ermutigung auf einem Pappteller serviert statt auf einem Silbertablett wie bei meiner Freundin. Meine Tränen füllen vielleicht nur einen halben Pappbecher mit Ermutigung, während die meiner Freundin einen Kristallkelch überfließen lassen. Vielleicht sage ich nicht das, was man von mir gerne hören würde, und nicht so, wie man es gerne hören würde.

Aber ich gebe wirklich mein Bestes, und zwar nicht, weil ich als »beste Mutmacherin« bekannt werden will, sondern weil es mir wirklich um mein Gegenüber geht.

Anrufe

Das Telefon kann manchmal ein echtes Ärgernis sein, so sehr, daß ich bisweilen gern das Kabel aus der Wand reißen würde, um das penetrante Klingeln ein für allemal abzustellen. Und dann wieder finde ich es schrecklich, daß das Telefon stumm bleibt, weil ich so dringend ein Lebenszeichen von jemandem brauche oder ein Gespräch mit einem Menschen, der mich liebt. Oft schon habe ich einfach den Hörer abgenommen, um zu hören, ob das Freizeichen noch da war. Bestimmt lag es an einer Störung, daß es schon so lange nicht geklingelt hatte.

Schließlich klingelt es. Ich renne hin. Jemand denkt an mich. »Hallo«, melde ich mich atemlos.

»Mrs. Chisholm, hier ist der Teppich-Reinigungsdienst. Wir sind dann und dann in Ihrer Gegend . . .«

Die Stimme des Anrufers, die sich eben noch nett und freundlich angehört hat, bricht abrupt ab, als ich sage: »Nein danke, vielen Dank.« Aus lauter Angst, dem anderen auf die Nerven zu gehen, folgen wir nur selten dem inneren Impuls, kurz jemanden anzurufen und ihm Mut zu machen oder ihn einfach aufzubauen, indem wir sagen: »Ich denke an dich!« Oder: »Ich habe dich gern.« Wie lange dauert es, diese paar Worte zu sagen? Eine, höchstens zwei Minuten.

Ich glaube, ich würde es schon schaffen, mich vom Staubsauger oder der Waschmaschine loszureißen, um mir ein paar aufmunternde Worte sagen zu lassen. Damit darf man mir jederzeit auf die Nerven gehen.

Es ist immer gut, wenn man die Person, die man anruft, als erstes fragt, ob es gerade paßt oder ob man stört. Eine »Freundin« rief mich eines Abends um halb zwölf an. Ohne zu fragen, ob ich vielleicht schon im Bett sei, verwickelte sie mich in ein langes Gespräch über ihre Erlebnisse der vergangenen Woche. Das war kein guter Zeitpunkt für ein Gespräch mit mir, selbst wenn es ein mutmachendes gewesen wäre, was es allerdings nicht war.

Manchmal stehe ich in der Küche und denke plötzlich an jemanden. Dann beschließe ich, diese Person ganz spontan anzurufen, um ihr zu sagen, daß ich sie gern habe und mich freue, daß es sie gibt.

Rat geben oder Vorschläge machen

Einen Ratschlag geben heißt, jemandem zu sagen, was er/sie tun sollte oder wie er/sie mit einer bestimmten Situation umgehen soll. Ein Vorschlag ist ein Lösungsangebot, über das man nachdenken oder auf dessen Grundlage man handeln kann. Es besteht ein großer Unterschied zwischen den beiden, und zwar der Unterschied zwischen »du solltest ...« und »warum denkst du nicht einmal darüber nach ...« – kurz, der Unterschied zwischen Predigen und Ermutigen. Ich reagiere sehr viel positiver auf das zweite, es sei denn, ich bin mit meinem Latein völlig am Ende und *entschließe mich dazu,* mich auf die »Psychiatercouch« zu begeben.

Es ist so einfach, anderen Ratschläge zu erteilen, anderen zu sagen, was sie tun und lassen sollten, und was man selbst an ihrer Stelle tun würde. Es ist viel schwieriger, das eigene Urteil über die Situation des anderen erst einmal zurückzustellen und Fragen zu stellen, die dem anderen vielleicht helfen könnten, selbst zu entscheiden, was für sie oder ihn das beste wäre und wie weiter vorzugehen ist. Wenn andere Sie um Rat bitten (was wahrscheinlich selten der Fall ist, es sei denn, Sie sind ein professioneller Berater), dann steht es Ihnen gut an, sich mit dem Antworten Zeit zu lassen. Bitte keine aus dem Ärmel geschüttelten Patentrezepte für das Leben anderer Menschen! Wir bereiten uns selbst genug Probleme und brauchen das nicht auch noch für die Menschen um uns her zu tun.

Wenn jemand Hilfe braucht und Sie über die Hindernisse auf seinem oder ihrem Weg hinausblicken können, dann können Sie Vorschläge machen, ohne dabei belehrend zu werden:

»Hast du schon mal darüber nachgedacht ...?«

»Laß uns doch einmal über Alternativen nachdenken ...«

»Warum versuchen wir nicht einmal ...«

»Bist du wirklich ganz sicher, daß ...«

Und nach allen Vorschlägen, die Sie genannt und bedacht haben, lassen Sie Ihr letztes Angebot immer lauten: »Was immer du auch entscheidest, ich bin für dich da.«

Gemeinsames Gebet anbieten

»Wenn alles andere nichts nützt, dann hilft nur noch beten!« Das scheint die vorherrschende Meinung zu sein, und auch ich denke so. Dabei sollte es das erste sein, was wir unternehmen, um die Weisheit zu bekommen, anderen zu helfen.

Aber warum laut beten? Warum können wir denn nicht still für uns beten? Und müssen wir denn unbedingt in der Gegenwart anderer beten?

Es gibt drei Gründe, warum ein laut gesprochenes Gebet, bei dem andere zuhören können, eine effektive Maßnahme zur Ermutigung ist:

– Wir beten laut für andere, weil wir gern möchten, daß sie hören, was wir von Gott für sie erbitten. Ich bin davon überzeugt, daß es den Glauben stärkt, wenn wir das Gebet auch wirklich akustisch hören. Deshalb ist auch Gebet eine gesprochene Form der Ermutigung. Damit Gebet aber anderen Mut machen kann, muß man es hören können.

– Laut gesprochenes Gebet ist ermutigend, weil es die Person in Not daran erinnert, daß sie nicht allein ist, sondern daß es jemanden gibt, der viel größer ist als sie selbst, einen, der alles im Blick hat. Wenn ich auch nur zwei oder drei Sätze einer Freundin für mich mitbekomme, dann kann ich glauben, daß Gott Antworten für mein Leben hat, die mir bis dahin verborgen waren.

– Das Angebot zu beten wird in der Hektik des Alltags oft vergessen, wenn wir nicht sofort beten, nachdem wir das Angebot gemacht haben. Es nützt nichts, wenn wir zwar den guten Gedanken haben, aber nie dazu kommen, ihn auch in die Tat umzusetzen. Genausowenig nützt es, Gutes über andere zu denken, es ihnen aber nie zu sagen.

Ohne ausgesprochene Ermutigung hätte ich bereits vor sehr langer Zeit einfach kapituliert. Man hat mir gesagt, ich sei eine schlechte Mutter, und ich danke Gott für all die Menschen, die mir das Gegenteil versichert haben. Manche haben gesagt, daß ich mit dem Schreiben nur meine Zeit vergeude. Ich wage gar nicht daran zu denken, wo ich heute ohne die Menschen wäre, die gesagt haben: »Du machst das großartig. Mach weiter.«

Ausgesprochene Ermutigung macht mich stark. Wenn nun ausgesprochene Kritik ihr häßliches Haupt erhebt, dann bringt mich das nicht mehr um, sondern es ist für mich lediglich die Herausforderung, noch stärker zu sein.

Wenn Gott möchte, daß Sie einem ganz bestimmten Menschen Mut machen, dann setzen Sie Ihr ganzes Herz daran. Gott ist nachweislich immer zur richtigen Zeit am richtigen Ort.

12. Ermutigen durch Berührung

Jemanden auch mit Hilfe der Körpersprache zu ermutigen, ist für viele Menschen sehr schwer, weil dazu gehört, den Körper einzusetzen, sich in gewisser Weise hinzugeben. Glücklicherweise gibt es einige Christen, die ganz von Natur aus dienen und sich selbst für andere geben. Für sie ist es unmöglich, *nicht* zu geben. Was würden wir nur ohne diese ganz besonderen Menschen machen?

Ich gehe einmal davon aus, daß die Mehrzahl der Menschen nicht in diese Kategorie gehört. Man erlebt nicht oft, daß gegeben oder gedient wird, und wenn man selbst die Möglichkeit hat, andere Menschen durch Geben oder Dienen zu ermutigen, dann stellt man sich oft schrecklich an, fragt sich, wie man den Prozeß vereinfachen könnte, und manchmal entzieht man sich sogar ganz.

Zur Ermutigung durch Körpersprache gehört das Berühren, Händedrücken und Umarmen. Wenn es sich nicht gerade um ein voreheliches »Autorücksitz-Erlebnis« handelt, dann bezweifle ich, daß Menschen überhaupt »zu viel« Zuwendung bekommen können. Ich bin naiv genug zu glauben, daß ein Mensch, der mich berührt, mich gern hat. Und haben wir es nicht alle nötig, geliebt zu werden?

Für Mutmacher ist der körperliche Aspekt von Ermutigung ebenfalls wichtig. Man muß fühlen können, daß man etwas zu geben hat. Wer nicht von Natur aus Geber, Diener und »Berührer« ist, dem sei gesagt, daß man das alles lernen kann. Vielleicht wird man nie besonders geschickt darin, aber man kann locker genug werden, um denen zu helfen, die einen brauchen. Dazu kommt, daß man allzu leicht selbstzufrieden oder arrogant wird, wenn man sich zu behaglich fühlt. Ein ganz klein wenig Unbequemlichkeit hat noch nie jemandem geschadet.

Allerdings mögen manche Menschen, die Ermutigung nötig haben, Berührungen nicht. Wer sie ermutigen will, muß feinfühlig die Situation erfassen und aufpassen, daß er sie nicht überfordert. Auch gibt es eine plumpe Vertraulichkeit, die sich bei allen möglichen und unmöglichen Gelegenheiten mit körperlichen Gesten anbiedert. Sie wirkt nicht ermutigend, sondern wird schnell als vereinnahmend empfunden. Es gilt also, eine gute Balance zu finden, wenn man ermutigen will. Insgesamt aber gibt es sicher auf diesem Gebiet eher ein Zuwenig als ein Zuviel, glaube ich.

Was ist geben?

». . . der Gerechte gibt und versagt nichts« (Sprüche 21,26). Wenn überhaupt jemand, dann sind es die Christen, die alles, was sie sind, jederzeit jedem Menschen geben sollten. Klingt das wie ein riesiger Befehl? In der Tat, es ist einer! Die Bibel ermahnt uns zu geben, ohne etwas zurückzuhalten. Im Hebräischen steht dort das Wort chasak, was soviel bedeutet wie »zurückhalten, sich enthalten, sich weigern, aufbewahren, vorenthalten«. Was bedeutet das nun für uns? Daß wir großzügig geben sollen, ohne Einschränkung, ohne etwas zurückzuhalten. Geben ist viel mehr als ein Akt. Es ist eine Herzenshaltung, und letztlich ist es ja das Herz, von dem jede gute Tat ausgeht. Wenn wir einen Menschen sehen, dem es schlecht geht, dann durchleben wir eine Vielfalt von Empfindungen. Hier nur ein paar Auszüge:

– »Oh, was für ein armer Mensch. Das ist wirklich schlimm.« Bei manchen Menschen geht die gefühlsmäßige Resonanz darüber nicht hinaus, und das ist in der Tat »schlimm«.

– »Wie schrecklich. Ich hoffe, daß ihr/ihm jemand hilft.«

– »Herr, dieser Mensch braucht wirklich Hilfe. Bitte tu etwas.« An dieser Stelle blenden sich die meisten Leute dann aus, weil sie das Gefühl haben, alles getan zu haben –

schließlich haben sie ja gebetet. Wenn jemand einem Menschen begegnet ist, dem es schlecht geht, dann beruhigt Gebet in der Regel das Unbehagen und die Unsicherheit darüber, ob man sich einmischen soll oder nicht. Natürlich gibt es Augenblicke, in denen wir an der Situation nichts ändern können. Dann bleibt wirklich nur noch beten. Aber solche Augenblicke sind meist seltener, als wir eingestehen möchten.

– »Wie kann ich helfen? Was kann ich diesem Menschen anbieten, dem es so schlecht geht?« Das ist die zentrale Frage, mit der wir anfangen können zu handeln, wenn wir es denn beschlossen haben. Es hängt so viel davon ab, wie sicher wir uns sind, damit wir uns in die Not des anderen hineinversetzen können, wie stark wir geistlich und emotional zur Zeit sind, und ob wir in uns Reserven gesammelt haben, die dann wirklich einen Unterschied ausmachen.

Die Nöte der anderen sind nicht immer mit bloßem Auge zu erkennen. Wir müssen vielleicht hinter die Fassaden ihres Lebens schauen und genau hinhören, wenn sie erzählen. Kürzlich hatte ich mit einer Frau zu tun, deren Haus zwangsversteigert werden sollte. Im Laufe unseres Gesprächs erzählte sie mir, wie demütigend es für sie sei, jede Woche wieder Geld von Freunden und Verwandten leihen zu müssen, um Lebensmittel kaufen zu können.

Ich wollte ihr helfen; wenn ich auch die Zwangsversteigerung ihres Hauses nicht abwenden konnte, so konnte ich ihr doch immerhin Lebensmittel kaufen. Aber ich fragte mich, ob ich wirklich Lebensmittel kaufen und zu ihr bringen sollte. Vielleicht würde ich gar nicht das kaufen, was sie brauchte. Sollte ich ihr statt dessen Geld geben? Vielleicht würde sie dann aber von dem Geld nicht Lebensmittel kaufen, sondern eine offenstehende Rechnung bezahlen. Ich kam bei meinen Überlegungen zu dem Schluß, daß ich sie mit in den Supermarkt nahm, ihr sagte, wieviel ich ihr geben wollte, und sie die Sachen, die sie brauchte, selbst aussuchen ließ.

Wegen einer eigenen unerwarteten Ausgabe wäre ich in der folgenden Woche nicht mehr in der Lage gegwesen, ihr zu helfen. Gott zeigte mir genau zum richtigen Zeitpunkt, was meine Bekannte brauchte.

Wenn man sensibel für die Menschen im eigenen Umfeld ist, dann erfährt man häufig etwas über ihre Nöte. Schon allein die Tatsache, daß man so etwas hört, sollte einen aufmerksam machen. Vielleicht hat Gott dieses Begegnung so gefügt, um einen dazu zu benutzen, dem anderen in seiner Not zu helfen – und in dem Fall sollte man sich geehrt fühlen, daß er einem ein solches Unterfangen anvertraut.

Wir können von den Menschen lernen, die geborene Geber sind. Ich kenne zwei Frauen, die zusammen eine Farm bewirtschaften, außerdem setzen sie jede freie Minute für andere ein. Ich habe selbst miterlebt, daß sie großzügig gegeben haben. Sie geben Menschen in finanzieller Not Geld (große Summen). Sie sind mit ihrem Traktor zur Stelle, wenn sie erfahren, daß jemand den Garten umgepflügt haben möchte. In einer Zeit, als es meiner Familie finanziell ziemlich schlecht ging, haben die beiden meine Kinder alle völlig neu eingekleidet, ohne große Worte darum zu machen. Und sie haben mich nie gefragt, ob wir das brauchten. Sie wußten es einfach – weil sie eben auf diesem Gebiet so sensibel sind für andere. Sie sind sehr angesehen und geschätzt wegen ihrer Ermutigung und ihrer guten Taten.

Indem ich sie beobachtete, erfuhr ich viel über das Geben und über die Haltung, die dahintersteht. Sie geben einfach gern von dem, was sie haben, und packen jede Gelegenheit beim Schopf.

Wenn es einem Menschen zu lange schlecht geht, dann wird irgendwann sein Glaube daran erschüttert, daß Gott für ihn sorgt. Geben ist nicht nur deshalb ermutigend, weil dadurch die Not des anderen gelindert wird, sondern auch, weil der Glaube bestätigt wird, daß Gott für uns sorgt.

Dienen

Dem anderen zu dienen, kann ganz unterschiedlich aussehen. Es kann darin bestehen, einem Freund beim Umzug zu helfen, sich um die Kinder einer kranken Mutter zu kümmern oder einem Nachbarn beim Reparieren seines Dachs zu unterstützen.

Dienen ist eine Herzenshaltung, die besagt: »Ich möchte dir helfen. Danke, daß ich das, was ich habe und bin, mit dir teilen kann.« Jemand, der dient, begibt sich voller Zuversicht in ein Durcheinander und schafft Ordnung. Der dienende Mensch arbeitet hinter den Kulissen und befriedigt Bedürfnisse, indem er die unscheinbaren Dienste des Lebens übernimmt und die Schmutzarbeit anderer tut, ohne sich darum zu kümmern, ob es ihm gedankt wird. Das Motiv des echten Dieners besteht darin, anderen das Leben zu erleichtern, den Verletzten den Schmerz zu lindern und das Durcheinander der Mutlosen in Ordnung zu bringen, damit sie weiterleben können.

Menschen dienen einander aus einer Vielzahl von Gründen. Eine Hausangestellte arbeitet vielleicht nur deshalb in einer Familie, weil sie ihren Lebensunterhalt verdienen muß. Jakob diente Laban vierzehn Jahre lang, um Rahel zur Frau zu bekommen. Caddys dienen Golfspielern, um wertvolle Erfahrungen zu sammeln, wenn sie den Profis zuschauen.

Aber der Grund des Dienens, von dem hier die Rede sein soll, ist Ermutigung. Wahres Dienen ist mehr als Helfen, weil es irgendwo aus unserem Inneren kommt. Wie können wir das Herz eines Dieners bekommen?

Menschen, die dienen wollen, sehen offenbar, was anderen Menschen fehlt. Ich kann einen Raum voller Menschen betreten, und schon nach wenigen Minuten spüre ich ziemlich genau, was die Gruppe emotional, intellektuell und geistlich braucht. Ein Mensch, der dient, erkennt auch körperliche Nöte und Bedürfnisse, und er überlegt, was er gegen diese Nöte tun kann.

Meine Nachbarin Joyce hat seit über einem Jahr Krebs. Wenn ich sie besuche, bete ich mit ihr, ich höre ihr zu und versuche, ihr dabei zu helfen, auch gefühlsmäßig mit ihrer Situation umzugehen und fertig zu werden. Zum Glück hat sie Freunde, wirklich dienende Freunde, die sehen, wann das Haus sauber gemacht werden muß, wann es angebracht ist, die Kinder einmal zu übernehmen oder einfach einmal eine Mahlzeit zu kochen. Manche dieser Dinge habe ich auch schon für Joyce getan, aber man muß mich quasi an die Stelle führen, wo es etwas zu tun gibt, und mir dann genau sagen, was ich tun soll. Andernfalls sehe ich es einfach nicht. Ich fühle mich völlig hilflos, wenn ich in einem fremden Haushalt etwas tun soll. Dafür macht es mir absolut nichts aus, wenn Joyce weint. Viele andere Leute würden lieber das ganze Haus saubermachen, als dabeizusein, wenn sie weint.

Wir sind alle sehr unterschiedlich. Ich habe verschiedene Stärken und Schwächen. Wie wir unsere natürlichen Fähigkeiten in unserem ganz persönlichen Stil einsetzen, so können wir uns auch darauf konzentrieren, die Gebiete, wo unsere Schwächen liegen, weiterzuentwickeln, damit der Herr uns umfassender einsetzen kann. Ein Mensch, der dienen kann, wartet nicht, bis er gefragt wird. Ein dienender Mensch begibt sich zuversichtlich in eine bestimmte Situation hinein und fängt einfach an zu dienen. Ich weiß jede Art von Dienstbereitschaft zu schätzen. Aber ich halte es für ziemlich nutzlos zu sagen: »Wenn ich dir irgendwie helfen kann, laß es mich wissen.«

Ich habe bisher noch nie ein solches Angebot angenommen. Aber wenn jemand zu mir sagt: » Ich würde gern am nächsten Wochenende deine Kinder hüten, damit du übers

Wochenende ans Meer fahren kannst«, dann springe ich auf und fange begeistert an, fünf kleine Rucksäcke zu pakken. Meine beiden Freundinnen von der Farm taten einmal nämlich genau das. Sie bestanden darauf, alle meine fünf Kinder zu übernehmen, und schickten mich für ein Wochenende ans Meer. Ich werde ihnen ewig dankbar sein für ihre Umsicht. Sie erkannten mein Bedürfnis, einfach einmal ein paar Tage weg von allem zu sein, und sprangen bereitwillig ein, damit dieses Bedürfnis erfüllt werden konnte. Wenn sie gesagt hätten: »Falls du etwas brauchst, laß es uns wissen«, hätte ich darauf niemals geantwortet: »Wie merkwürdig, daß ihr das gerade jetzt anbietet. Ich habe mir nämlich tatsächlich überlegt, daß ich das nächste Wochenende gern ans Meer fahren würde. Würde es euch etwas ausmachen, auf meine fünf Kinder aufzupassen?«

Ich habe festgestellt, daß den meisten dienenden Menschen überschwengliches Lob für ihre Taten eher peinlich ist. Sie wirken lieber inkognito. Sie finden ihre Erfüllung darin, bestimmte Nöte zu sehen und ihnen abzuhelfen, nicht dafür gelobt zu werden.

Dienende Menschen sind Mutmacher:

- Sie erfüllen Bedürfnisse anderer, die niemand anders erfüllen könnte oder würde;
- sie sind eine Quelle der Inspiration in ihrer anhaltenden Selbstlosigkeit;
- sie haben eine demütige Grundhaltung;
- sie übertreffen das, was von ihnen erwartet wird.

Ein dienender Mensch zu sein, bedeutet, eine der höchsten Berufungen im Leib Christi anzunehmen. »Wer unter euch groß sein will, der sei euer Diener« (Matthäus 20,26).

Berühren

Ich finde es tragisch, daß die Menschen in der heutigen Zeit scheinbar alles tun, um zwischen sich und anderen eine möglichst große Distanz zu schaffen. Man macht uns glauben, daß unser größter Feind der Mitmensch ist. Wenn wir uns die Medien betrachten, egal ob elektronische oder Druckmedien, dann könnte man meinen, daß fast jeder verrückt oder zumindest fast verrückt ist. Wir sind darin gefangen, uns vor unserem Nächsten zu schützen wie vor Atomwaffen. Zusammen mit all den anderen Verrückten auf der Welt sind wir offenbar der Überzeugung, daß unser Leben genauso gefährlich ist, wenn wir zur Haustür hinaustreten, als wenn ein unbekannter Finger über dem Knopf schwebt, der letztlich unsere Welt in Milliarden Teilchen zersprengen könnte.

Jesus berührte sehr viele Menschen. Als Sohn Gottes hatte er die Macht, auch ohne Handauflegung zu heilen. Warum berührte er die Menschen dann trotzdem?

Warum berühren Sie Menschen? Oder warum tun Sie es nicht? Wenn andere Sie umarmen oder Sie bei der Hand fassen, reagieren Sie dann positiv, oder warten Sie nur voller Unbehagen, bis es vorbei ist?

Weil die Menschen alle einen verschiedenen Hintergrund haben, weil sie unterschiedliche Verletzungen aus unterschiedlichen Beziehungen in der Vergangenheit davongetragen haben, gibt es so viele Menschen mit den unterschiedlichsten Phobien – Menschen, die kaum noch in der Lage sind, Beziehungen zu anderen Menschen einzugehen, so wie es eigentlich von Gott in seiner Schöpfungsordnung gedacht war. »Ich liebe dich, aber diese Liebe auch auszudrücken, ist ein ständiger Kampf für mich.« »Ich würde dich gern umarmen, aber ich kenne dich nicht gut genug, um zu wissen, ob ich dir dadurch nicht zu nahe trete.«

Wir müssen aufpassen, daß wir nicht die Grenzen anderer Menschen überschreiten. Man muß ihnen soviel Abstand lassen, wie sie brauchen. Sie selbst wissen, daß Sie ein wunderbarer Mensch sind, aber Sie können andere Menschen davon nicht überzeugen, ohne es sie auf ihre Weise und zu ihrer Zeit erkennen zu lassen.

Viele Menschen, die ich mir früher vom Leibe gehalten habe, haben diese Kluft überwunden und gehören jetzt zu meinen liebsten Freunden. Ein paar von ihnen sind »Umarmer«.

Früher wäre ich vor diesem körperlichen Ausdruck der Ermutigung davongelaufen, aber jetzt freue ich mich schon darauf. Na gut, ich muß wohl zugeben, daß auch ich das Bedürfnis habe, geliebt, berührt und umarmt zu werden.

»Alles hat seine Zeit . . .« (Prediger 3,1–5). Wie bei allem, was wir tun, ist auch beim Berühren der richtige Zeitpunkt ein wesentlicher Faktor.

Manchmal spürt man förmlich den unausgesprochenen Schrei des anderen: »Rühr mich nicht an! Laß mich in Ruhe!« – und dabei schreit er im Grunde einzig und allein danach, berührt und festgehalten zu werden. Und andere meinen genau das, was ihr Gesichtsausdruck und ihre Körperhaltung vermitteln. Es bringt nichts, sich ihnen zuzuwenden, solange sie das nicht wirklich wollen.

Ich vermittele oft die unausgesprochene Botschaft: »Laß mich bloß in Ruhe!« und meine dabei im Grunde: »Hier bin ich! Hab mich bitte lieb. Es würde schon reichen, wenn du mir nur ein wenig über den Kopf streichelst.«

Leider bleiben Bedürfnisse oft unerfüllt, entweder weil die Körpersprache nicht den wahren Gefühlen entspricht, oder weil wir nicht wissen, wie wir den anderen interpretieren können, oder weil wir nicht auf den Heiligen Geist hören, der uns auf die Bedürfnisse der anderen aufmerksam macht – egal, was sie sagen oder signalisieren.

Weil viele Menschen bei Eltern aufgewachsen sind, die weder ihre Kinder noch sich gegenseitig berührten, und weil viele Menschen als Singles leben, brauchen wir in ganz besonderem Maße Menschen, die sich uns zuwenden. Schon ein kleiner Händedruck kann sagen: »Hallo, du bist völlig in Ordnung. Ich mag dich.« Ich persönlich kann allein davon eine Woche lang überleben.

Wenn es ums Berühren geht, dann können wir auf zwei verschiedene Arten Kontakt aufnehmen – wie eine zusammengerollte Klapperschlange, die bereit ist zuzubeißen oder wie ein kuscheliger Teddy, der bereit ist, zu drükken und zu umarmen. Wenn wir die Teddybär-Haltung einnehmen, dann werden sich andere in unserer Nähe wohlfühlen, egal, ob wir nun wirklich die Initiative zum Umarmen ergreifen oder nicht. Denn die Haltung eines Teddys ist die Haltung geöffneter Arme in Erwartung der nächsten Streicheleinheit.

Ich liebe es, zu lieben, und ich liebe es, geliebt zu werden. Eine Umarmung ist in ihrer einfachsten Form ein Ausdruck von Liebe – mit Sicherheit nichts, wovor man Angst haben müßte, sondern etwas, das man erleben und genießen soll.

Ermutigung durch Berührung ist durch ihre Unmittelbarkeit genauso wichtig für die Gesundheit und das Wohlbefinden des Leibes Christi wie ihre geistliche und emotionale Entsprechung. Als Jesus auf der Erde lebte, berührte und diente er, wo immer er war. Im Tode gab er alles – der Prototyp eines Dienenden.

Geben, dienen, berühren – wir haben nicht mehr und nicht weniger anzubieten als uns selbst.

13. Ermutigung als Lebensstil

Mutmachen ist nicht nur eine einmalige Handlung, die wir bei Gelegenheit abspulen, sondern Mutmachen ist ein Lebensstil. Es kann genausosehr ein Teil von uns werden wie essen und atmen. Wie sollen wir es in unser Leben einfügen? Genauso, wie wir es bei jeder anderen Eigenschaft machen – durch Tun und Sein. Das bedeutet, wir müssen Dinge tun und sagen, die uns vielleicht manchmal Unbehagen verursachen. Aber wir tun bzw. sagen sie trotzdem, weil uns an anderen Menschen liegt, und weil wir möchten, daß sie sich voll entfalten können. Ermutigung geschieht auf zweierlei Weise. Entweder plazieren wir uns zum richtigen Zeitpunkt an der richtigen Stelle, um jemandem helfen zu können, oder Ermutigung geht einfach von uns aus, wo immer wir gerade sind.

Eine meiner Bekannten glaubt, daß die Welt nur verändert werden kann, indem sich Menschen einer nach dem anderen verändern. Aus diesem Grund ging sie nicht in die Politik, auf Evangelisationsreisen, ins Erziehungswesen oder in eines der zahlreichen bürokratischen Systeme, um Einfluß zu nehmen. Sie lebt einfach als Beispiel für Leben, Ermutigung und Dienst, wo immer sie gerade ist, sei es in einem Flugzeug oder an der Tankstelle. Es kann wohl kaum jemand bestreiten, daß diese junge Frau die Welt erheblich verändert hat. Die Entwicklung bestimmter Charakterzüge und geistlicher Fertigkeiten hilft uns dabei, Ermutigung zu unserem Lebensstil zu machen.

Zeit mit Gott verbringen

Es ist sehr wichtig für Christen, eine bestimmte Zeit am Tag freizuhalten, in der wir uns einzig und allein auf den Herrn konzentrieren. Das gilt in besonderem Maße für

Mutmacher, weil sie ausgelaugt werden, wo immer sie unter Menschen sind. Die notwendige Erneuerung, das Auftanken kann nur in der Gegenwart Gottes geschehen. Jesus hat sich oft von den Menschen zurückgezogen, auch von seinen Jüngern, und zwar nicht, weil er die Gemeinschaft mit Menschen nicht ertragen konnte, sondern weil er das Bedürfnis hatte, sich vom Vater aufbauen zu lassen. Ohne diese innere Erneuerung hätte er den Menschen weniger zu geben gehabt. Und wenn das für Jesus galt, wieviel mehr gilt es dann wohl für uns!

Wir wissen, daß Gott in unserem Leben nicht kommt und geht. Wir leben immer in seiner Gegenwart. Wenn wir ihm jedoch bewußt Raum schaffen und alles andere, auch andere Menschen, eine Zeitlang ausblenden, dann öffnen wir uns ihm und können seine Stimme deutlicher hören. Wir hören ihn sprechen, wie das in der Hektik unseres Alltags nicht möglich ist. Wenn unsere Seele still geworden ist, ermutigt er uns, damit wir wiederum andere ermutigen können.

In der Gegenwart Gottes entwickeln wir ein Gefühl dafür, wer wir sind – nicht nur für Gott, sondern auch für uns und für andere. Wir erfahren genau, was in unserer Verantwortung liegt und was nicht. Wir bekommen eine neue Sicht vom Gestern, Kraft für heute und Hoffnung für morgen, die wiederum lebensverändernde Wirkung auf andere hat, mit denen wir in Berührung kommen.

Beten ohne Unterlaß

Wenn man Paulus' Ermahnung »betet ohne Unterlaß« speziell auf Mutmacher anwendet, heißt das, die Not anderer vor Gott zu bringen, und zwar, indem wir den Herrn nicht nur darum bitten, zu helfen und zu heilen, sondern *uns* zu zeigen, wie er *uns* einsetzen möchte, um die erwünschte Heilung im Leben anderer zu bewirken.

Nicht nur: »Herr, Dave hat Krebs, bitte heile du ihn.« Sondern auch: »Wie möchtest du mich bis dahin einsetzen, um ihm das Leben zu erleichtern? Welche Möglichkeiten habe ich, die ich für ihn einsetzen könnte?«

Nicht nur: »Gott, Kathy ist einsam. Sie braucht einen Freund oder eine Freundin. Bitte schicke ihr jemanden.« Sondern: »Bin ich dieser Jemand?«

Wenn Gott uns bittet, etwas für jemanden zu tun, dann macht er uns auch fähig, zu tun oder zu sein, worum er uns bittet. Wenn wir eigentlich nichts damit zu tun haben möchten, dann sollten wir auch lieber nicht darum beten. Wenn allerdings der Wunsch, füreinander zu beten, schon in unserem Herzen ist, dann ist da wahrscheinlich auch der Wunsch, sich um den anderen zu kümmern.

Probleme entstehen dann, wenn wir beten, aber nicht hinhören, was Gott auf unser Anliegen antwortet. Das ist einer der Gründe, warum die Bedürfnisse und Nöte so vieler Menschen unbeantwortet bleiben, auch wenn der Mensch, der direkt neben der betreffenden Person steht, die Lösung hat. Die Person, die dort steht, hört einfach nicht zu. Es gibt unter Christen viel zu viele unnötige Verletzungen. Wenn wir ohne Unterlaß beten, dann müssen wir auch ohne Unterlaß auf die Antwort hören.

Verfügbar sein

Wenn man eine Anzeige in die Zeitung setzt, daß man etwas zu verkaufen oder eine Dienstleistung anzubieten hat, dann bleibt man normalerweise zu Hause, um gegebenenfalls ans Telefon zu gehen. Was hätte eine Anzeige sonst für einen Sinn? Es ist unmöglich, auf eine Annonce zu antworten, wenn der Anbieter nicht zu Hause ist. Stehen Sie zur Verfügung, oder sind Sie viel zu beschäftigt mit anderen Dingen, beispielsweise mit Einkaufsbummel oder Fernsehen?

Wenn man sich als Mutmacher zu Verfügung stellen möchte – wie geht man dann am besten vor? Das ist relativ einfach. Ein Mutmacher braucht ein Herz, das sich kümmern will, und mindestens eine weitere Person. Das heißt, ein Mutmacher muß da sein, wo Menschen sind, er muß Aktivitäten nachgehen, an denen andere Menschen beteiligt sind.

Wenn Sie ein- bis zweimal in der Woche in einem Fitneßstudio trainieren, dann tun Sie bewußt etwas, um Kontakt zu anderen Menschen dort zu bekommen. Vielleicht liegt es aber in Ihrem Wesen, für sich zu bleiben, sei es im Fitneßstudio, im Bus, bei einem Spaziergang im Park oder an anderen Orten. Wenn man jedoch um seine Berufung als Mutmacher weiß und sich den Mitmenschen zur Verfügung stellen möchte, dann wird es immer weniger zu einem Willensakt und mehr zu einer natürlichen Angelegenheit, auf andere zuzugehen.

Nach Gelegenheiten Ausschau halten

Während es ein eher passiver Zustand ist, sich zur Verfügung zu halten, ist es etwas Aktives, nach Gelegenheiten Ausschau zu halten. Wir können Begegnungen arrangieren, die uns zu dem Vorrecht verhelfen, anderen Mut zu machen. Jesus hielt sich zur Verfügung, indem er die Straßen von Galiläa entlangzog, und viele Menschen schlossen sich ihm an und sammelten sich um ihn. Aber er suchte auch immer wieder gezielt bestimmte Menschen auf, von denen er wußte, daß sie ihn brauchten.

Eine Gelegenheit zu schaffen heißt, sich für den ausdrücklichen Zweck, einen anderen zu ermutigen, zur Verfügung zu stellen. Als ich zum ersten Mal einen Bibelkreis leitete, schenkten meine Freundin Sharon und ihre Familie mir einen Abend in der Woche, um mich in meiner neuen Funktion als Leiterin zu ermutigen.

Gehen Sie dorthin, wo Menschen Sie brauchen. *Gehen Sie* dorthin, wo Menschen verletzt sind. *Gehen Sie* zu den Schwachen, den Verletzlichen, den Kranken, den Gefangenen. Im Namen Jesu Christi *gehen Sie* zu ihnen, damit sie geheilt und befreit werden können. Wenn Sie nicht gehen, wer dann?

Manche Menschen wissen nicht einmal, daß sie Ermutigung brauchen, weil sie es schaffen, ihren Schmerz völlig zu verdrängen. Wenn man für solche Menschen Mutmacher wird, dann kann das bedeuten, »auf Knöpfe zu drücken«, die den Schmerz an die Oberfläche bringen und sie zwingen, mit den verdrängten Gefühlen umzugehen.

Wenn solche Menschen plötzlich merken, daß sie nicht annähernd so stark oder so gefaßt sind, wie sie gedacht haben, dann brauchen sie noch mehr Ermutigung. Aus diesem Grund können Menschen, deren Lebensstil das Ermutigen ist, nicht herumlaufen und hier und da »Knöpfe drücken«, wenn sie nicht auch bereit sind, das daraus entstehende Chaos wieder zu sortieren. Andernfalls hat der Schmerz kein Ventil, es kann keine Heilung stattfinden, und die Wunde fängt an zu eitern. Der Schmerz richtet sich nach innen und wird oft noch intensiver, weil er sich zur Phobie oder Neurose auswächst.

Wenn wir also einen Knopf drücken, dann liegt es in unserer Verantwortung, die betreffende Person durch die folgenden Schmerzen zu begleiten zu einem Ort der Heilung. Das kann Stunden, Tage, Wochen oder gar Monate dauern. Ja, es kann sogar Jahre dauern. In meinem Leben haben mich zwei liebe Freundinnen sechs schmerzvolle Jahre lang begleitet, und sie haben sich bestimmt gefragt, ob sie je meine Heilung erleben würden. Es gab Zeiten, da reagierte ich überhaupt nicht, und Zeiten, da wendete ich mich ab und mir war anscheinend alles egal. Aber sie blieben trotzdem – und sie blieben nicht nur, sondern sie tippten auch weiter ganz sanft auf die schmerzenden Stellen, riskierten dafür Ablehnung und sogar die gesamte Beziehung.

Und jetzt nach all den gemeinsamen Jahren sehen wir die Vollendung ihres Engagements, die sie vor so langer Zeit auf sich nahmen. Sie lassen mich nach und nach los, beobachten, wie ich meine Flügel ausprobiere, und bleiben in meiner Nähe für den Fall, daß ich ins Taumeln gerate.

Ich frage mich, wo ich heute wäre, wenn ich nicht mit ihnen in Kontakt gekommen wäre. Mich schaudert, wenn ich auch nur daran denke. Aber ich bin auch voller Ehrfurcht, wenn ich erlebe, welche Auswirkungen es auf das Leben anderer hat, wenn ich Gelegenheit schaffe, andere zu ermutigen.

Entspannen – nicht kämpfen

Ein Mensch, dessen Lebensstil das Ermutigen ist, ist von einer Aura des Friedens umgeben. Diese Frucht des Geistes muß uns begleiten, wenn wir effektive Mutmacher sein wollen.

Menschen, die anderen gegenüber überreagieren oder zu schnell Ratschläge erteilen, sind normalerweise nervöse Menschen. Sie empfinden einen Druck, immer zur Stelle und bereit zu sein, das Leben des anderen in Ordnung zu bringen. Schon bevor sie den Mund aufgemacht haben, erklärt ihre angespannte Haltung jeglichen weisen Rat, den sie vielleicht anzubieten hätten, für ungültig.

Wenn jemand anfängt, Ihnen das Herz auszuschütten, und Sie spüren, Gott möchte von Ihnen, daß Sie diesem Menschen Mut machen – geraten Sie nicht in Panik! Sie denken vielleicht: Was, wenn ich das Falsche sage? Wenn ich weine? Oder schlimmer noch, was, wenn ich etwas Dummes sage, und das Gegenüber fängt an zu weinen?

Wenn es Ihnen ein Trost ist – all das und noch viel mehr

ist mir als Mutmacherin bereits passiert, ebenso wie denen, die mir Mut machen wollten.

Aber Gott schafft es irgendwie immer wieder, die Situation zu retten, vorausgesetzt, wir steigen nicht in ein Boot und paddeln auf unserem Tränenfluß davon aus lauter Angst, dazubleiben und die Sache vielleicht noch schlimmer zu machen.

Ich sage Ihnen: »Keine Panik.« Wenn die richtigen Worte nicht sofort kommen, ... dann warten Sie. Ohne viel Druck redet ein verletzter Mensch normalerweise weiter, bis er das Gefühl hat, Sie hätten ihm etwas anzubieten. Meistens ist das, was Sie zu bieten haben, nicht mehr, als zu sagen:

»Erzähl doch mal ...«

»Oh, das tut mir so leid.«

»Was hast du dabei empfunden?«

»Das muß furchtbar gewesen sein.«

»Wie kann ich dir helfen?«

Sie haben sicher den Wunsch, diesem Menschen Ihre Liebe und Unterstützung zuzusichern und ihm zu versichern, daß er Ihnen und anderen Menschen lieb und teuer ist.

Jesus Christus war der Friede und die Entspanntheit in Person. Er hatte es nicht eilig, Lazarus aus dem Grab zu holen. Er »ruhte« oft. Er ermahnte Martha, sich zu entspannen. Und obwohl ich mir vorstellen kann, wie Jesus rannte, ist es nie ein panisches Davonrennen, sondern eher ein leichtfüßiges Gehen.

Wenn Sie Ermutigung zu Ihrem Lebensstil machen wollen, dann denken Sie daran, daß die Zukunft der Welt nicht von Ihren nächsten Worten abhängt, auch wenn es gerade so aussieht. Sie sind genau so, wie Sie jetzt sind, richtig für die Situation, in die Gott Sie stellen will. Versuchen Sie nicht, für Menschen, die sich Ihnen anvertrauen, die Rolle von Eltern, Psychologen oder Seelsorgern zu übernehmen.

Entspannen Sie sich und seien Sie einfach Sie selbst. Das ist ohnehin alles, was von Ihnen erwartet wird. Spielen Sie die Rolle, die am besten zu Ihnen paßt – Sie selbst.

Die eigenen Probleme anpacken – oder verschieben

Wie bereits erwähnt, macht uns die Tatsache, daß wir Mutmacher werden, nicht immun gegen Probleme im eigenen Leben. Mutmacher sind vielleicht sogar anfälliger für die Schwierigkeiten des Lebens, weil ihnen ständig von anderen Energie entzogen wird, die ihnen dann manchmal fehlt, um sich selbst zu helfen. Ein weiterer Grund besteht darin, daß sie eine solche Bedrohung für das Reich der Finsternis darstellen, daß sie zu Zielscheiben der Aktivitäten des Satans werden.

Aus welchen Gründen auch immer, wir haben reichlich Probleme und Kämpfe durchzustehen. Als Mutmacher müssen wir lernen, damit umzugehen oder sie, wenn auch nur vorübergehend, beiseite zu stellen, um anderen Mut machen zu können.

Kürzlich lag ich eine Woche lang krank im Bett. Meine Kinder waren ebenfalls krank. Mir ging es nicht nur körperlich schlecht, sondern ich empfand mich auf der ganzen Linie als Niete. Das Telefon klingelte, und jemand aus einer anderen Gemeinde fragte mich, ob ich nicht ein Referat halten könnte – raten Sie mal, zu welchem Thema?! Natürlich »Ermutigung«. Ich antwortete höflich, daß ich nichts lieber täte, legte den Hörer auf und mußte lachen. »Gott, wenn das deine Vorstellung von einem Witz ist – das ist nicht witzig.«

In den folgenden Wochen murmelte ich in Abständen vor mich hin: »Das ist nicht fair. Ich habe keine Wahl. Ich muß das hinbekommen, ob es mir gefällt oder nicht.«

Und ich bekam es hin. Meine eigenen Probleme verschwanden nicht auf wundersame Weise. Aber weil ich meinen Auftrag, andere zu ermutigen, ernst nehme, setze ich alles daran, diesen Auftrag zu erfüllen, auch wenn ich das Gefühl habe, meine eigenen Probleme behindern mich dabei. In diesem Fall befaßte ich mich mit meiner inneren Einstellung zu einem Problem und stellte den Kern der Geschichte zunächst einmal bis nach der Veranstaltung beiseite. Und weil alles so gut lief, beschloß ich danach, dem Problem auf den Grund zu gehen.

Wenn wir also eine Haltung einnehmen, in der wir andere ermutigen möchten, egal, wie es uns selbst geht, dann kann uns das sogar dazu anspornen, mit unseren eigenen Problemen schneller als gewöhnlich fertig zu werden. Ob wir unsere persönlichen Angelegenheiten und Sorgen zunächst einmal beiseite stellen können, hängt in erster Linie von der Art des Problems ab.

Während der Zeit meiner Scheidung konnte ich mich selten lange genug zusammenreißen, um denen Mut zu machen, die auch vorher auf meine Unterstützung und Hilfe gezählt hatten. Ich fühlte mich schrecklich dabei, aber mir fehlte ganz einfach die Kraft. Außerdem hatte ich jedesmal Schuldgefühle, wenn andere mir Mut machten. Ich dachte nämlich, ich verdiente keine Ermutigung, wenn ich selbst nicht in der Lage war, andere aufzubauen. Was natürlich Unsinn war.

Manche Probleme sind eine so schwere Last, daß wir sie nicht einfach beiseite schieben können. Es dauert eine Weile, bis wir sie lösen können und wieder Kraft bekommen, um anderen Mut zu machen.

Aus diesem Grunde ist es wichtig, einem bereits überlasteten Menschen nicht zusätzlich auch noch unsere Probleme aufbürden. Wir müssen lernen, uns für andere hinzugeben.

Mutmacher sein

Sie *sind* ein Mutmacher oder eine Mutmacherin. Es ist Teil Ihrer Identität, auch wenn Sie es gar nicht merken. Jesus wanderte nicht umher und »tat Gutes«, weil er es für seine Pflicht als Gottes Sohn hielt, sondern weil er *gut war.* Er konnte gar nicht anders, als Gutes tun. Das Gute kam einfach aus ihm hervor. »Wir aber haben Christi Sinn« (1. Korinther 2,16). Wir haben »Anteil . . . an der göttlichen Natur« (2. Petrus 1,4). War Jesus nicht ein Mutmacher? Und tragen wir nicht sein Denken und sein Wesen in uns?

Durch den Heiligen Geist tragen alle, die an Jesus Christus glauben, seine Wesenszüge in sich. Denken Sie einmal über die weitreichenden Konsequenzen dieser Aussage nach.

Leider sprudeln diese Eigenschaften nicht einfach aus uns hervor. Auch wenn sie uns von dem Augenblick an, wo wir zu Jesus gehören, zur Verfügung stehen, müssen wir lernen, sie in unserem Leben zu aktivieren. Wenn wir regelmäßig von ihnen Gebrauch machen, werden diese guten Eigenschaften zu einem Teil unseres Wesens. Wenn man lernt, andere zu ermutigen, dann wird das Mutmachen zu einem Teil der Persönlichkeit. Genauso wie Saft aus einer Orange quillt, wenn man sie preßt, so kommt Ermutigung aus uns hervor, wenn wir mit Menschen konfrontiert werden, die Ermutigung brauchen.

Laura Archer Huxley rät: »Seit Hippokrates weiß jeder gute Arzt um den therapeutischen Wert von Zuversicht und Hoffnung, und er weiß, wie gefährlich es für einen kranken Menschen ist, die falschen Worte zu hören. Und solche falschen Worte können in bester Absicht geäußert werden.« (S. 180)

Wenn der Leib Christi die Ermahnung des Paulus, einander Mut zu machen, ernst nehmen würde, dann (wage ich zu behaupten) wäre heutzutage so mancher Arzt und Psychiater arbeitslos. Depressionen – so oft hervorgerufen durch das, was wir anderen erlauben, über uns zu sagen oder mit uns zu machen – und die daraus resultierenden Schmerzen (Magengeschwüre, Kopfschmerzen, Magenschmerzen) würden erheblich abnehmen, wenn wir uns zumindest auf die gegenseitige Aufmunterung in Krisenzeiten verlassen könnten.

Wenn wir unser Leben einsetzen, um andere zu ermutigen, dann wird der Leib Christi wieder ein gesunder, lebendiger, pulsierender Organismus, wie er in der Apostelgeschichte beschrieben wird. Nur gesunde, fürsorgliche Menschen können einer kranken und verletzten Welt helfen. »So ist's ja besser zu zweien als allein; denn sie haben guten Lohn für ihre Mühe. Fällt einer von ihnen, so hilft ihm sein Gesell auf. Weh dem, der allein ist, wenn er fällt! Dann ist kein anderer da, der ihm aufhilft. Auch, wenn zwei beieinander liegen, wärmen sie sich; wie kann ein einzelner warm werden? Einer mag überwältigt werden, aber zwei können widerstehen, und eine dreifache Schnur reißt nicht leicht entzwei.« (Prediger 4,9–12)

Anhang

Starthilfen für Gruppenleiter

Kleine, überschaubare Gruppen geben dem einzelnen die Möglichkeit, sich selbst einzubringen und sich auf persönliche Entwicklung durch gegenseitige Fürsorge und Unterstützung einzulassen. Das gilt besonders für christliche Gruppen, in denen sich etwa fünf bis zwölf Personen regelmäßig treffen. Sie haben einen erfahrene(n) Leiter(in), dem/der sie ihre persönlichen Erfahrungen und Schwierigkeiten in bestimmten persönlichen Problemen mitteilen können. In einer solchen Gruppe entwickeln die Teilnehmer Verantwortungsgefühl füreinander und Vertrauen zueinander und zu Gott.

Weil sich der Zweck einer Gruppe, die persönliche Schwierigkeiten besprechen und ermutigen will, von einem Bibel- oder Gebetskreis unterscheidet, braucht sie ihre eigene Form und ihre eigenen Richtlinien. Wichtig ist, folgendes zu klären:

- Zweck,
- Leitung,
- Art der Treffen,
- Gruppenrichtlinien.

Zweck

Eine Gruppe, in der es um persönliche Schwierigkeiten geht, bietet folgendes an:

1. Eine *Möglichkeit* für die Teilnehmer, sich mitzuteilen und offen und ehrlich über ihre inneren Kämpfe und ihren Schmerz über bestimmte Dinge zu sprechen, und zwar in einem Rahmen, in dem nicht verurteilt wird und in dem Jesus Christus Mittelpunkt ist.

2. Einen *sicheren Ort,* wo die Teilnehmer eine neue

Sicht im Blick auf Probleme bekommen können; wo sie anfangen können, Verantwortung dafür zu übernehmen, wie sie auf ihre eigene Lebenssituation reagieren.

3. Eine *Atmosphäre*, die anteilnehmend, verständnisvoll und darauf ausgerichtet ist, den Teilnehmern eine biblische Perspektive zu vermitteln. Hier geht es nicht darum, jemanden festzulegen oder umzumodeln. Wenn aber echte Liebe und Fürsorge ausgetauscht werden, dann erfahren die Menschen die Liebe Gottes und das Angenommensein in ihm. Die Folge ist, daß Veränderung und Heilung stattfinden.

Die Initiatoren einer Gruppe müssen sich über den spezifischen Zweck klar sein. Die folgenden Fragen zeigen zum Beispiel, was man bedenken sollte, bevor man eine solche Gruppe ins Leben ruft:

a) Um was für eine Art von Gruppe soll es gehen? Soll die persönliche Entwicklung des einzelnen im Mittelpunkt stehen? Soll die Gruppe sich auf ein bestimmtes Thema konzentrieren? Soll sie langfristig oder kurzfristig angelegt sein oder eine ständige Einrichtung werden?

b) Welche Zielgruppe soll angesprochen werden? Eine bestimmte Bevölkerungsgruppe? Studenten? Alleinstehende Frauen? Geschiedene Menschen?

c) Welche Ziele verfolgt die Gruppe? Was werden die Mitglieder von der Gruppe haben?

d) Wer soll die Gruppe leiten, und wer soll den Leiter bzw. die Leiterin unterstützen? Was qualifiziert ihn/sie dafür?

e) Wie viele Teilnehmer sollte die Gruppe haben? Können sich auch dann noch neue Teilnehmer anschließen, wenn die Gruppe schon begonnen hat?

f) Welche Struktur oder Form soll die Gruppe haben?

g) Welche Themen sollen mit Hilfe von Begleitbüchern bearbeitet werden, und inwieweit soll das von den Teilnehmern oder von der Gruppenleitung bestimmt werden?

Leitung

In kleinen Kreisen wechselt die Leitung der Treffen in der Regel bei jeder Zusammenkunft, aber weil sich die Gruppen, um die es uns hier geht, meist nur eine begrenzte Zeitlang treffen, um sich mit einer ganz speziellen gemeinsamen Thematik zu befassen, funktioniert es meist am besten, wenn ein Leiter bzw. ein Leitungsteam für die Treffen verantwortlich ist.

Gute Leitung ist von grundlegender Bedeutung für eine gesunde, ausgewogene Gruppe. Zur Qualifikation gehören Charakter ebenso wie Lebenserfahrung und in manchen Fällen auch professionelle Erfahrungen mit der Thematik der Gruppe.

Kennzeichen eines Leiters/einer Leiterin

Mut

Eines der wichtigsten Kennzeichen des guten Leiters ist Mut. Mut zeigt sich in der Bereitschaft,

1. sich zu öffnen, eigene Fehler einzugestehen und bereit zu sein, dieselben Risiken einzugehen wie die übrigen Gruppenmitglieder,
2. einander gegenüberzutreten und in dieser Begegnung zu begreifen, daß das Ziel die Liebe ist,
3. entsprechend der eigenen Überzeugung und Intuition zu handeln,
4. sich auch gefühlsmäßig aneinander heranzulassen und sich auf die eigene Erfahrung zu beziehen, um sich miteinander identifizieren zu können,
5. das eigene Innere immer wieder zu prüfen,
6. den Teilnehmern gegenüber direkt und ehrlich zu sein,

7. der Gruppe gegenüber Ängste und Erwartungen bezüglich der Gruppenprozesse zum Ausdruck zu bringen. (Leiter sollen nicht ihre Leiterrolle dazu benutzen, sich vor ehrlichen und direkten Wechselbeziehungen mit dem Rest der Gruppe zu schützen.)

Die Bereitschaft, Vorbild zu sein

Durch ihr Verhalten und die dadurch vermittelte Einstellung können Leiter ein Klima der Offenheit schaffen. Sie können für das Akzeptieren anderer und für Offenheit werben.

Gruppenleiter sollten bereits bescheidene Siege über ihre eigenen Probleme errungen haben, und es sollte bereits ein gewisses Maß an Heilung erreicht sein. Sie erkennen ihre eigene Verletztheit und betrachten sich als Menschen, die in einem Prozeß stecken. Gruppenleiter leiten in erster Linie durch ihr Beispiel – indem sie das tun, was sie von den Mitgliedern der Gruppe erwarten.

Präsenz

Gruppenleiter müssen emotional bei den anderen Gruppenmitgliedern sein. Das heißt sie müssen sich anrühren lassen vom Schmerz, den Kämpfen und den Freuden anderer.

Leiter können sich emotional besser auf die anderen einlassen, wenn sie auf ihre eigenen Reaktionen achten und zulassen, daß diese Reaktionen sehr intensiv werden. Das hilft Leitern, den anderen Gruppenmitgliedern gegenüber mitfühlend und einfühlsam zu sein. Gleichzeitig begreifen Gruppenleiter ihre Rolle als Anleitende. Sie wissen, daß sie keine Antworten parat haben müssen; sie können dem einzelnen Teilnehmer im letzten nicht die Verantwortung abnehmen.

Guter Wille und Fürsorglichkeit

Ein ernsthaftes Interesse am Wohlergehen anderer ist ein wesentliches Merkmal für einen Gruppenleiter. Zur Fürsorge gehören Respekt, Vertrauen und Wertschätzung. Nicht um jeden Menschen kann man sich gleich leicht kümmern, aber die Leiter sollten zumindest den Wunsch und den Willen haben, sich zu kümmern. Es ist von entscheidender Bedeutung, daß Leitern bewußt wird, um welche Leute sie sich ohne Schwierigkeiten kümmern können, und bei welchen Menschen es ihnen schwerfällt. Das kann geschehen, indem sie ihre Reaktionen auf die einzelnen Gruppenmitglieder hinterfragen. Echtes Kümmern muß spürbar werden: Zu sagen, daß man sich kümmert, genügt nicht.

Einige Möglichkeiten, eine entsprechende Haltung zu zeigen, sind:

1. Einen Menschen einzuladen, es aber ihm selbst überlassen, wie weit er gehen will;
2. Wärme, Fürsorge, Interesse dann und nur dann zu vermitteln, wenn man sie auch wirklich empfindet;
3. offen zur Sprache zu bringen, wenn es offensichtlich auseinanderklafft, was der andere sagt und was er tut;
4. Menschen zu ermutigen, das zu sein, was sie ohne ihre Masken und Schutzmauern sein könnten. Diese Art des Kümmerns erfordert, daß man sich der Liebe verpflichtet weiß und sensibel ist für den Heiligen Geist.

Offenheit

Ein guter Gruppenleiter muß offen sein – sich selbst und anderen in der Gruppe gegenüber, offen für neue Erfahrungen und offen für Lebensstile, die sich vom eigenen unterscheiden. Offenheit ist eine Grundhaltung. Das bedeutet nicht, daß Leiter jeden Aspekt ihres Privatlebens offenlegen müssen; es bedeutet, daß sie genug von sich selbst offenbaren, um den anderen ein Gefühl zu vermitteln, was für ein Mensch sie sind.

Wenn der Leiter offen ist, fördert das in der Regel die Offenheit innerhalb der Gruppe; es gestattet den Teilnehmern, offener zu werden in bezug auf ihre Überzeugungen und Gefühle. Außerdem ermöglicht Offenheit den Entwicklungen in der Gruppe eine gewisse Dynamik.

Offenheit sollte aber nicht als Manipulationstechnik eingesetzt werden. Und auch berechtigte Selbstkritik ist oft dann am besten, wenn sie spontan geschieht.

Keine Verteidigungshaltung

Offen mit Kritik umzugehen, hat viel mit Offenheit zu tun. Wenn Gruppenleiter sich leicht bedroht fühlen, unsicher sind in bezug auf ihre Leitungsfunktion, übersensibel für negative Rückmeldung und sehr abhängig von der Zustimmung der Gruppe, dann bekommen sie wahrscheinlich erhebliche Probleme, wenn sie versuchen, ihre Position als Leiter auszufüllen.

Manchmal beschuldigen Gruppenmitglieder den Leiter, sich nicht genügend zu kümmern oder bestimmte Personen zu bevorzugen oder die Treffen zu stark zu strukturieren oder nicht genügend die Richtung vorzugeben oder zu streng zu sein. Manche Kritik mag zutreffend und fair sein, andere dagegen kann unfair sein. Entscheidend für den Leiter ist, daß er, ohne in Verteidigungshaltung zu gehen, zusammen mit der Gruppe den Gefühlen auf den Grund geht.

Starkes Selbstwertgefühl

Ein starkes Selbstwertgefühl ist eine weitere wichtige Eigenschaft eines Leiters. Das heißt nicht, daß Leiter manipulieren oder dominieren sollen; es bedeutet, daß Leiter wissen, wer sie sind und was sie wollen. Gruppen spüren das und bekommen die Sicherheit, daß ihr Leiter weiß, was er tut.

Leiter mit einem starken Selbstwertgefühl erkennen ihre Schwächen und verschwenden keine Energie damit, sie vor anderen zu verbergen. Ihre Verletzlichkeit wird so zu ihrer Stärke als Leiter. Solche Leiter können Anerkennung annehmen, wo sie berechtigt ist, und gleichzeitig andere dazu ermutigen, Anerkennung für ihre eigene Entwicklung anzunehmen.

Ausdauer

Das Leiten einer Gruppe kann sehr anstrengend und kräftezehrend sein, aber auch spannend und belebend. Leiter brauchen physische und emotionale Ausdauer und Stärke sowie die Fähigkeit, Druck auszuhalten, um bis zum Ende der Gruppentreffen voll da zu sein. Wenn Gruppenleiter ihrer Müdigkeit nachgeben, wenn die Gruppe sie runterzieht oder Widerstand leistet oder Teilnehmer ausscheiden, dann leidet möglicherweise die Effektivität der gesamten Gruppe darunter.

Leiter müssen sich der Grenzen ihrer eigenen Kräfte bewußt sein und Möglichkeiten zu geistlicher und emotionaler Zuwendung und Stärkung außerhalb der Gruppe haben. Außerdem müssen ihre Erwartungen in bezug auf den Fortschritt der Gruppe realistisch sein.

Humor

Humorvolle Leiter, die ihren Humor auf angemessene Weise einbringen, können für die Gruppe eine große Hilfe sein. Manchmal erweist sich Humor aber auch als Fluchtweg vor gesunder Konfrontation. Sensible Leiter müssen das erkennen und der Gruppe dabei helfen, diese Art des Ablenkens zu vermeiden.

Weil wir aber uns selbst und unsere Probleme oft so ernst nehmen, brauchen wir Humor, um wieder ins Gleichgewicht zu kommen und Perspektive zu gewinnen. Das gilt besonders nach Phasen der intensiven Beschäftigung mit schwerwiegenden Problemen.

Kreativität

Die Fähigkeit, spontan kreativ zu sein und jedes Gruppentreffen wieder mit neuen Ideen anzugehen, ist eines der wichtigsten Merkmale eines Gruppenleiters. Leiter, denen immer neue Möglichkeiten einfallen, mit der Gruppe umzugehen, die außerdem bereit sind, ausgetretene Pfade der Gestaltung von Gruppentreffen einmal zu verlassen, werden kaum langweilig.

Auch die Zusammenarbeit mit einem interessanten Mit-Leiter ist eine Möglichkeit für Leiter, neue Ideen zu bekommen.

Das Handwerkszeug des Gruppenleiters

Persönlichkeitsmerkmale eines Gruppenleiters sind zwar von außerordentlicher Wichtigkeit, aber sie allein garantieren noch keine gut funktionierende Gruppe. Auch das Handwerkszeug für Gruppenleiter ist wichtig. Die folgenden Punkte müssen sensibel und zum richtigen Zeitpunkt angewendet werden.

Aktives Zuhören

Leiter müssen Inhalte aufnehmen, Gesten bemerken, unterschwellige Veränderungen im Tonfall erkennen und auch Botschaften zwischen den Zeilen lesen können. Zum Beispiel wenn eine Frau über ihre liebevollen und herzlichen Gefühle für ihren Mann spricht und dabei stocksteif und mit geballten Fäusten dasitzt.

Anteilnahme

Um Anteil nehmen zu können, muß man die ganz subjektive Welt des Teilnehmers erspüren können. Gruppenleiter müssen, außer fürsorglich und offen zu sein, auch die Fähigkeit haben, die Erfahrung des anderen zu begreifen und gleichzeitig eine gewisse Distanz zu dieser Erfahrung zu behalten.

Respekt und positive Beachtung

Indem sie Unterstützung bieten, müssen Gruppenleiter auch auf die positiven Beiträge der Teilnehmer zurückgreifen. Wo es zu Meinungsverschiedenheiten kommt, muß es offene und ehrliche Wertschätzung und Toleranz geben.

Herzlichkeit

Um Herzlichkeit zu vermitteln, ist ein Lächeln die beste Methode und besonders wichtig. Andere nonverbale Methoden sind Tonfall, Haltung, Körpersprache und Gesichtsausdruck.

Echtheit

Leiter müssen echt sein, müssen ganz sie selbst sein im Umgang mit anderen. Sie müssen authentisch und spontan sein.

Form der Treffen

Die Form der Treffen ist von Gruppe zu Gruppe sehr unterschiedlich, aber die folgenden Formen gelten im allgemeinen als praktikabel für Gruppen.

Ort

Die Treffen sollten in gemütlicher und herzlicher Atmosphäre stattfinden. Teilnehmer müssen das Gefühl haben, willkommen zu sein und sich an einem »sicheren Ort« aufzuhalten, wo sie nicht belauscht und auch nicht leicht abgelenkt werden. In manchen Gruppen ist es sinnvoll, eine Kinderbetreuung anzubieten.

Beginn

Heißen Sie die Teilnehmer willkommen. Der Leiter oder die Leiterin sollte sich vorstellen, danach sollten sich die Teilnehmer/innen vorstellen. Es ist sinnvoll, bei jedem Treffen noch einmal auf die »Grundregeln« hinzuweisen, auf jeden Fall aber beim ersten Treffen oder wenn neue Teilnehmer hinzukommen.

1. Haben Sie Respekt vor dem, was andere Teilnehmer mitteilen, indem Sie alles, was in der Gruppe gesagt wird, vertraulich behandeln.
2. Belächeln Sie niemals die Überzeugungen oder Aussagen der anderen.
3. Bitte halten Sie die Zeiten ein. Kommen Sie pünktlich und gehen Sie auch nach den Treffen.
4. Haben Sie keine Scheu, sich auch außerhalb der Treffen mit dem Leiter in Verbindung zu setzen, wenn Sie Fragen haben oder Hilfe brauchen.

Viele Treffen beginnen mit einer kurzen Gebetszeit und

schließen auch mit Gebet. Es ist oft hilfreich, nach Gebetsanliegen zu fragen und einen kurzen Austausch anzubieten, damit gleich am Anfang eine Atmosphäre der Offenheit möglich wird.

Hauptteil

Der Leiter/die Leiterin kann zum Thema kommen, indem er/sie sich auf einen bestimmten Punkt konzentriert (oder auf ein Kapitel, wenn mit einem Buch gearbeitet wird). Es ist klug, das Hauptthema des Treffens konkret zu benennen, damit die Gruppe während des Treffens nicht zu sehr abschweift (siehe auch Richtlinien für die Gruppe).

Schluß

Streben Sie Pünktlichkeit an, ohne abrupt zu sein. Geben Sie denen, die zusätzliche Hilfestellung brauchen, Gelegenheit, sich mit dem/der Gruppenleiter/in zu verabreden. Seien Sie sensibel für Teilnehmer, die noch zusätzlich Ermutigung oder Bestätigung brauchen, bevor sie gehen.

Richtlinien für die Gruppe

Weil es sich um eine Gesprächsgruppe handelt und nicht um eine Therapiegruppe, muß der Leiter die Atmosphäre schaffen und durch seinen Stil zeigen, wie man in der Gruppe liebevoll und hilfsbereit miteinander umgeht. Die Teilnehmer müssen die Regeln kennen, nach denen sie in der Gruppe mitarbeiten können. Es erweist sich als klug, diese Grundregeln zu Beginn jedes Treffens noch einmal zu wiederholen, besonders wenn neue Teilnehmer zur Gruppe hinzukommen. Es hat sich bewährt, folgende Regeln aufzustellen und wiederholt auf sie hinzuweisen:

1. Sie sind hier, um sich selbst und anderen zu helfen. Es gibt keine »Patentrezepte«. Wir sollen einander zuhören, helfen und Hilfe annehmen – nicht Ratschläge erteilen.
2. Lassen Sie jeden zu Wort kommen und ausreden, ohne ihn/sie zu unterbrechen.
3. Versuchen Sie, jede Angst, sich innerhalb der Gruppe mitzuteilen, zu überwinden. Aber reißen Sie nicht die Zeit der Gruppe an sich.
4. Interessieren Sie sich für das, was andere mitteilen. Hören Sie mit dem Herzen. Sprechen Sie nie mit jemand anderem, während ein Gruppenteilnehmer die ganze Gruppe anspricht.
5. Verpflichten Sie sich, wirklich von Herzen zu sprechen. Ermutigen Sie andere, sich ebenso zu verhalten. Es ist völlig in Ordnung, wütend zu sein, zu lachen oder zu weinen.
6. Helfen Sie den anderen, zu ihren Gefühlen zu stehen und die Verantwortung zu übernehmen für Veränderung in ihrem Leben. Springen Sie nicht ein mit leichten Antworten oder einer Geschichte, wie Sie persönlich genauso ein Problem einmal überwunden haben. Holen Sie die anderen da ab, wo sie stehen.
7. Vermeiden Sie es, zu beschuldigen oder anzuklagen. Sprechen Sie in Ich-Botschaften, also welche Gefühle jemand oder etwas in *Ihnen* bewirkt hat. Zum Beispiel: »Es hat mich wütend gemacht, als . . .«
8. Vermeiden Sie Humor zum falschen Zeitpunkt, um emotional harte Strecken aufzulockern. Lassen Sie die Teilnehmer selbst mit dem fertig werden, was sie mitteilen, auch wenn es schwerfällt.
9. Behandeln Sie die Namen und das, was Ihnen die anderen Gruppenteilnehmer mitteilen, vertraulich.

10. Weil wir uns alle in unterschiedlichen Entwicklungsstadien befinden, gestatten Sie bitte den Neuen, neu zu sein, und denen, die schon länger dabei sind, in ihrer Entwicklung etwas weiter fortgeschritten zu sein. Die Gruppe ist ein »sicherer Ort«, an dem alle sich weiterentwickeln und mitteilen sollen.

Fragen fürs Gespräch

Man kann auch dieses Buch als Gesprächsgrundlage in der Gruppe benutzen und dabei die folgenden Fragen verwenden.

Zu Kap. 1: Ermutigung – was ist das eigentlich?

1. Wann bestand Ermutigung für Sie schon einmal in einem lauten Anfeuern? Wer hat Sie angefeuert und warum? Überlegen Sie, wen Sie anfeuern könnten. Wie könnte Ihr Anfeuern das Leben dieses Menschen verändern?

2. Wie können Sie »andere zur Liebe und zu guten Taten anspornen« (Hebräer 10,24; Gute Nachricht)? Ist Konfrontation oft ermutigend? Inwiefern?

3. Gibt es in Ihrem Leben einen Menschen, der gerade jetzt und zur Zeit Ihr Verständnis braucht? Wie können Sie diesem Menschen vermitteln, daß Sie ihn verstehen?

4. Warum macht Schweigen oft so viel Mut? Wann ist Schweigen nicht ermutigend? Wie können wir andere ohne Worte ermutigen?

5. Was bedeutet es, »einer des anderen Lasten zu tragen«? Wie können wir uns mehr und intensiver an den Herrn anlehnen, wenn sich andere Menschen an uns anlehnen, damit wir ihnen Mut machen?

Zu Kap. 2: Wen kümmert es überhaupt?

1. Halten Sie sich für einen Menschen, dem etwas an anderen liegt und der sich um andere kümmert?

2. Wieviel Zeit des Tages denken Sie an sich selbst und wieviel an andere? Wie können Sie die Angewohnheit fördern, mehr an andere zu denken als an sich selbst?

3. Warum sind Gefühle so wichtig, wenn man andere

ermutigt? Wie finden Sie heraus, aufgrund welcher Gefühle Sie handeln?

4. Was tun Sie, um Ihre Wahrnehmung anderer Menschen zu verbessern, sie wirklich zu sehen? Wie können Sie hinter ihre Fassaden blicken, um sie zu ermutigen?

5. Wie können Sie hinter dem, was Menschen sagen, das heraushören, was sie nicht sagen?

Zu Kap. 3: Über den eigenen Tellerrand blicken

1. Warum ermutigen? Zählen Sie fünf Gründe auf, weshalb Gott will, daß alle, die zu ihm gehören, sich gegenseitig ermutigen.

2. Wie widerstehen Sie dem Drang, jemandem, dem es schlecht geht, Patentrezepte oder Floskeln anzubieten?

3. Wie erkennen Sie einen Menschen, der keine Hoffnung mehr hat? Was können Sie tun, um diesen hoffnungslosen Menschen zu ermutigen und ihm zu neuer Hoffnung zu verhelfen?

4. Ein Mensch mit negativem Denken ist voll in seinem Fahrwasser. Wie kann Ihre Ermutigung sein Denken umkehren?

5. Manche Menschen sind wandelnde Druckkochtöpfe. Wie kann Ihre Ermutigung dazu beitragen, daß sie Dampf ablassen können? Wenn der Dampf in Ihre Richtung zischt, wie gehen Sie damit dann um?

Zu Kap. 4: Ermutigen – wie macht man das?

1. Wie können Sie noch sicherer darin werden, andere zu ermutigen? Was könnte Ihnen mehr Zutrauen geben?

2. Gibt es jemanden in Ihrem Leben, für den es sehr wichtig ist, daß Sie da sind? Wie sind Sie »für andere da«?

3. Haben Sie sich schon einmal geweigert, »dem Bedürftigen Gutes zu tun, wenn deine Hand es vermag« (Sprüche 3,27)? Aus welchem Grund? Wie gehen Sie mit

den negativen Gefühlen um, die Sie veranlassen, anderen Ermutigung zu verweigern, obwohl Sie wissen, daß sie sie eigentlich brauchen?

4. Können andere sich darauf verlassen, von Ihnen ermutigt zu werden? Warum oder warum nicht?

5. Wie können Sie beim Mutmachen spontaner werden? Wie können Sie unabhängiger werden von der Reaktion der anderen und die Freiheit bekommen, etwas Ermutigendes zu sagen, was es auch sei?

Zu Kap. 5: Ermutigen – wann und wo?

1. Überlegen Sie, welches Familienmitglied gerade zur Zeit viel Ermutigung braucht. Welche Worte oder Taten könnten diesem Menschen am meisten Mut machen?

2. Warum sind manche Menschen schwerer zu ermutigen als andere? Liegt es an Ihrer Art oder daran, daß es ihnen so schwer fällt, etwas anzunehmen?

3. Was meint der Verfasser des Hebräerbriefes Ihrer Meinung nach damit, wenn er schreibt: »Ermuntert einander jeden Tag« (Hebräer 3,13; Elberfelder Bibel)? Wie läßt sich das umsetzen?

4. Wie können Sie die Menschen in Ihrem normalen Alltag ermutigen, beispielsweise Ihre Kollegen?

5. Nichtchristen ermutigt man anders als Christen. Warum ist das so?

6. Jesus ermutigte Menschen, wo er ging und stand. Wie können Sie seinem Beispiel folgen?

Zu Kap. 6: Wer braucht Ermutigung?

1. Angst ist ansteckend. Was passiert in Ihrem Inneren, wenn Ihnen Leute begegnen, die Angst haben? Wie können Sie Ihre Angst vor der Angst der anderen überwinden, damit Sie die Freiheit haben, ihnen Mut zu machen?

2. Ein teilnahmsloser Mensch kann sich gefährlich na-

he am Rande des Selbstmordes bewegen. Was können Sie einem Menschen Ermutigendes anbieten, dem alles egal geworden ist?

3. Haben Sie schon jemals einem trauernden Menschen platte Sprüche angeboten? Was macht einem Menschen Mut, der traurig ist? Was macht ihm keinen Mut?

4. Was brauchen Sie von Gott, wenn Sie den Stich der Einsamkeit spüren? Wie können Sie das, was Sie selbst brauchen würden, anderen geben?

5. Welche Wirkung hat die Wut anderer Menschen auf Sie? Warum ist es so schwierig, einem Menschen Mut zu machen, der wütend ist?

Zu Kap. 7: Motivieren oder Manipulieren?

1. Haben Sie schon einmal jemanden aus falschen Beweggründen ermutigt? Wie haben Sie wieder auf den richtigen Weg zurückgefunden?

2. Wie können Sie verhindern, daß Sie von anderen ausgenutzt werden und daß andere zu abhängig werden von Ihrer Ermutigung?

3. Wie können Sie es vermeiden, sich auf Formeln und Patentrezepte zu verlassen? Wie kann man dafür sorgen, daß Ermutigung echt bleibt?

4. Haben Sie schon einmal versucht, jemanden zu ermutigen, die betreffende Person fühlte sich aber in Wirklichkeit danach noch schlechter als vorher? Wenn das der Fall ist, wie sind Sie damit fertig geworden?

5. Prüfen Sie selbst, ob Ihre Motive, andere zu ermutigen, rein sind. Wo muß etwas anders werden?

Zu Kap. 8: Der Lohn

1. Genauso, wie Sie andere ermutigen, werden Sie auch selbst Ermutigung erfahren. Haben Sie es schon einmal er-

lebt, daß es wieder auf Sie zurückfällt, wenn Sie anderen Mut gemacht haben? Wie sah das konkret aus?

2. Empfinden Sie als Mutmacher auch manchmal den Druck, immer »voll da« sein zu müssen? Wie können Sie sich entspannen und Jesus durch Sie hindurchstrahlen lassen?

3. Haben Sie bei sich selbst schon einmal inneres Wachstum erlebt, nachdem Sie Ihre eigenen Angelegenheiten zunächst einmal beiseite geschoben haben, um jemand anders zu ermutigen? Wie war das?

4. Haben Sie schon einmal erlebt, wie Gott Sie zu etwas befähigt hat? Hat er Ihnen schon einmal Gaben oder Worte der Ermutigung für andere gegeben, die weit über das hinausgingen, was Sie persönlich zu bieten gehabt hätten? Welche Gaben oder Worte waren das konkret?

Zu Kap. 9: Sich selbst Mut machen

1. Wer oder was ist zur Zeit die vorherrschende Ursache für Mutlosigkeit in Ihrem Leben? Läßt sich daran etwas ändern? Wenn nicht, wie können Sie sich angesichts all Ihrer Probleme selbst Mut machen?

2. David ermutigte sich selbst im Angesicht Gottes. Erstellen Sie eine Liste von fünf Punkten, für die Sie Gott loben können, egal, wie lange die entmutigende Situation noch anhält.

3. Eine Möglichkeit, sich selbst zu ermutigen, besteht darin, einen Sinn im eigenen Schmerz zu finden. Wie entwickelt Jesus durch Ihren Schmerz sein Wesen in Ihnen?

4. »Gebt, und es wird euch gegeben« (Lukas 6,38; Elberfelder Bibel). Nennen Sie die Namen von mindestens drei Personen, die zur Zeit in Not sind. Wie könnte Gott Sie benutzen, um diesen Menschen Mut zu machen? Was haben Sie zu geben?

5. Tragen Sie selbst die schmerzliche Lage, in der Sie sich befinden, oder trägt Gott sie? Wie können Sie sie an ihn abgeben?

6. Wir erholen uns schrittweise. Können Sie sich dazu verpflichten, »sich selbst im Herrn Mut zu machen«? Wie fangen Sie das an?

Zu Kap. 10: Durch Briefe und Zettel ermutigen

1. Inwiefern können Notizen, Karten oder Briefe oft auf eine Art und Weise ermutigen, wie gesprochene Ermutigung es nicht kann?

2. Was empfinden Sie, wenn jemand sich die Zeit nimmt, Ihnen etwas Ermutigendes zu schreiben? Was sagt Ihnen das?

3. Denken Sie an einen Menschen in Ihrem Leben, für den Sie beten. Wenn Sie dieser Person etwas Ermutigendes schreiben sollten, was sollten Sie dann Ihrer Meinung nach im Sinne des Herrn schreiben? Fügen Sie einen Bibelvers bei und begründen Sie, warum Sie glauben, daß dieser Vers gerade zu diesem Zeitpunkt dem Bedürfnis oder der Not des Empfängers entspricht.

Zu Kap. 11: Durch Gespräch ermutigen

1. Haben Sie schon einmal jemanden angerufen, einfach nur, um ihn oder sie zu ermutigen? Haben Sie mit der betreffenden Person schon einmal am Telefon gebetet?

2. Ist Ihr Tonfall für andere Menschen ermutigend? Wie können Sie mehr aus Ihrem Herzen in Ihre Worte fließen lassen?

3. Finden Sie es nötig, Ratschläge zu erteilen, und fühlen Sie sich schlecht, wenn die anderen diese Ratschläge nicht beherzigen? Wie können Sie Vorschläge anbieten, statt mit Patentrezepten und Ratschlägen zu kommen?

4. Wie können Sie erreichen, daß Sie sich mit Ihrem eigenen Stil wohler fühlen und nicht mehr andere imitieren

müssen? Überlegen Sie sich drei kreative Möglichkeiten, andere zu ermutigen, Wege, die Ihrem Wesen und Temperament entsprechen.

Zu Kap. 12: Ermutigen durch Berühren

1. Warum ist eine Umarmung so ermutigend? Fühlen Sie sich wohl, wenn Sie andere umarmen oder von anderen umarmt werden? Warum bzw. warum nicht?

2. Wie kann man als Gerechter geben und nicht nein sagen? (Sprüche 21,26). Welche Gaben hat Gott Ihnen gegeben, um andere zu ermutigen? Wie setzen Sie diese Gaben ein?

3. Nennen Sie drei Arten, wie es Ihnen Spaß macht, anderen zu dienen. Wer hat es jetzt besonders nötig, daß Sie ihm oder ihr auf eine dieser Arten dienen?

4. Ist es immer ermutigend, zu geben, zu dienen und zu berühren? Wann ist es unklug, diese Dinge zu tun? Können Sie den Unterschied erkennen?

5. Warum ist es so wichtig, beim Einsetzen unserer Gaben auf das Timing Gottes zu warten?

6. Wenn Sie einem Menschen begegnen, dem es schlecht geht, was würden Sie dann spontan als erstes anbieten? Ist das normalerweise auch genau das, was dieser Mensch gerade braucht?

Zu Kap. 13: Ermutigung als Lebensstil

1. Wie stellen Sie sich Gott zur Verfügung? Wenn er einen Mutmacher braucht, müssen Sie dann erst Ihren Terminkalender konsultieren, wo noch eine Lücke ist, oder haben Sie die Freiheit, unmittelbar auf sein Anklopfen zu reagieren?

2. Suchen Sie nach Gelegenheiten, andere zu ermutigen? Was sollte sich an Ihrem Lebensstil ändern, damit Sie Menschen zur Verfügung stehen, denen es schlecht geht?

3. Geraten Sie in Panik, wenn andere in Ihrer Gegenwart offen zeigen, wie schlecht es ihnen geht? Was können Sie tun, um sich wieder in Erinnerung zu rufen, daß das Problem dieses betreffenden Menschen letztlich Gottes Problem ist, daß Sie es nicht lösen können, sondern daß Sie lediglich ein Ausdruck seiner Liebe sind?

4. Beten Sie für die Menschen, die Sie ermutigen? Wie können Sie sich noch bewußter machen, wie dringend diese Menschen Gebet brauchen, ohne auf eine förmliche Gebetsliste zurückgreifen zu müssen?

5. Haben Sie den Wunsch und das Bedürfnis, das Ermutigen zu Ihrem Lebensstil zu machen? Wenn Sie den Willen Gottes für diesen Bereich Ihres Lebens immer besser erkennen, wie wollen Sie dann vorgehen, um das Ermutigen zu einem Teil Ihres alltäglichen Lebens zu machen?

Annemarie Pfeifer

Mütter sind nicht immer schuld!

Von Selbstvorwürfen zur Gelassenheit

160 Seiten, ABCteam-Paperback, Bestell-Nr. 111 059

»Mütter sind an allem schuld«, ist ein Satz, der selten so ausgesprochen wird, der aber oft im Hintergrund steht, wenn es um das Thema Erziehung geht. Die frühen Erlebnisse prägen am stärksten, am Lebensanfang prägt vor allem die Mutter, also ist sie auch schuld, wenn später etwas schiefläuft – das ist, grob vereinfacht, der Gedankengang. Dieses Buch nimmt das Problem nicht auf die leichte Schulter (im Sinne von »Ich laß mich einfach nicht zum Sündenbock machen!«, denn Christen wissen: Es gibt nicht nur anerzogene und herbeigeredete Schuld, es gibt auch wirkliche Schuld, auch im Zusammenhang mit Kindererziehung. Dennoch kann dieses Buch Mütter (und vielleicht auch einige Väter), die sich von ihrer Verantwortung schier erdrückt fühlen, entlasten. Die Verantwortung ist tatsächlich groß, aber Mütter sind nicht das Schicksal ihrer Kinder! Es gibt einen Weg, zugleich verantwortungsvoll und gelassen mit dieser Rolle umzugehen.

Annemarie Pfeifer war Primarlehrerin und ist jetzt als individualpsychologische Beraterin tätig. Sie lebt mit ihrem Mann und ihren drei Kindern in Riehen bei Basel.

Margit Lambach/Else Diehl (Hrsg.)

Das kleine 1 x 1 der Arbeit in Frauengruppen

96 Seiten, RBtaschenbuch,
Bestell-Nr. 220 535

Was will ich eigentlich mit meiner Gruppe erreichen?
Was kann ich allein tun?
Wie könnte ein Team entstehen?
Wie leite ich ein Gespräch? Wie kann ich eine Bildbetrachtung so gestalten, daß der Funke überspringt? Wie wär's mit einem gemeinsamen Frauentag, einer Wochenendfreizeit, einem Fest?
Es gibt so viele Fragen zu beantworten, wenn eine neue Frauengruppe das Licht des Gemeindelebens erblicken soll! Den Autorinnen sind sie immer wieder gestellt worden, und gemeinsam haben sie deshalb Dinge, die zum »kleinen 1 x 1« gehören, zusammengestellt. Manches fand sich schon im Werkbuch »Frauen«, hier liegt es nun griffig zusammengefaßt, überarbeitet und aktualisiert auch für Frauen vor, die sich ganz neu an die Arbeit machen.

R. BROCKHAUS VERLAG WUPPERTAL

Margit Lambach (Hrsg.)

5 x 5 zündende Ideen für Frauengesprächskreise

128 Seiten, R. Brockhaus Taschenbuch,
Bestell-Nr. 220 513

Beim Stichwort »Frauenkreis« fielen einem früher kaffeetrinkende ältere Damen ein, die im Sommer eine Fahrt ins Blaue machten und im Winter für einen wohltätigen Basar Topflappen und Gesangbuchhüllen häkelten. Und wenn einmal im Monat der Herr Pfarrer kam, gab's eine Andacht, mal über Ruth, mal über Lydia.
Dieses Bild ist karikiert. Nicht übertrieben ist aber, daß sich die kirchliche und außerkirchliche Landschaft, was Frauenarbeit betrifft, in den letzten Jahren radikal verändert hat.
Wie Pilze schießen neuen Frauengesprächskreise aus dem Boden. Die Frauen, die sich hier treffen, fragen nach ihrer Identität, nach einer Perspektive für ihr Leben, auch als Familie, und nach Dingen, auf die erst »dumme« Kinderfragen sie wieder gebracht haben. Daß ihnen die Bibel und das Gespräch mit Christinnen dabei eine Hilfe sein könnten, hätten viele von ihnen noch vor kurzem nicht für möglich gehalten.
Dieses Buch ist eine Arbeitshilfe für Frauen, die solche Gesprächskreise leiten. Mitgearbeitet haben u.a. Brunhilde Blunck, Claudia Filker, Dorothea Hille, Hannelore Risch und Birgit Schindler.

Mary Whelchel

Mal Traumjob – mal Tretmühle

Frauen im Beruf

Mit einem Vorwort von Annemarie Pfeifer

208 Seiten, RBtaschenbuch,
Bestell-Nr. 220 527

Rollenkonflikte, Selbsteinschätzung, Ehrgeiz, Erfolg und Geld, Durchsetzungsvermögen, Feindesliebe, Umgang mit Chefs und Kollegen, Anmache am Arbeitsplatz, Leistungsdruck und Erschöpfung, Berufstätigkeit von Müttern, Jobsuche und Arbeitslosigkeit: Dies sind die Themen, mit denen sich berufstätige Frauen herumschlagen müssen. Und dazu stehen sie – wie jeder Christ – vor dem Problem, ihren Glauben nicht nur am Sonntagmorgen zu praktizieren, sondern das ganze Leben aus ihm heraus zu gestalten. Mary Whelchel hat den Slalom durch die Doppelbelastung als Mutter und Berufstätige erfolgreich absolviert. Sie begann als Verkaufs-Repräsentantin und brachte es bis zur selbständigen Unternehmerin.
Hier berät sie Frauen aus ganz unterschiedlichen Berufen: Von der Verkäuferin bis zur Managerin – mit und ohne Familie.

R. BROCKHAUS VERLAG WUPPERTAL

Gloria Chisholm

Halbe Eltern – ganze Familie

Als Alleinerziehende zwischen Frust und Freude

192 Seiten, RBtaschenbuch,
Bestell-Nr. 220 532

»Ich kann nicht mehr!« Diesen Stoßseufzer haben bestimmt alle Mütter und Väter schon einmal von sich gegeben. Und wer vor der ungeheuren Aufgabe steht, seine Kinder allein erziehen zu müssen, sicher schon oft. Aus welchem Grund auch immer der Partner nicht mehr da ist – Alleinerziehende müssen mit einer völlig neuen Situation klarkommen und sind dabei auf sich allein gestellt, ob sie wollen oder nicht.